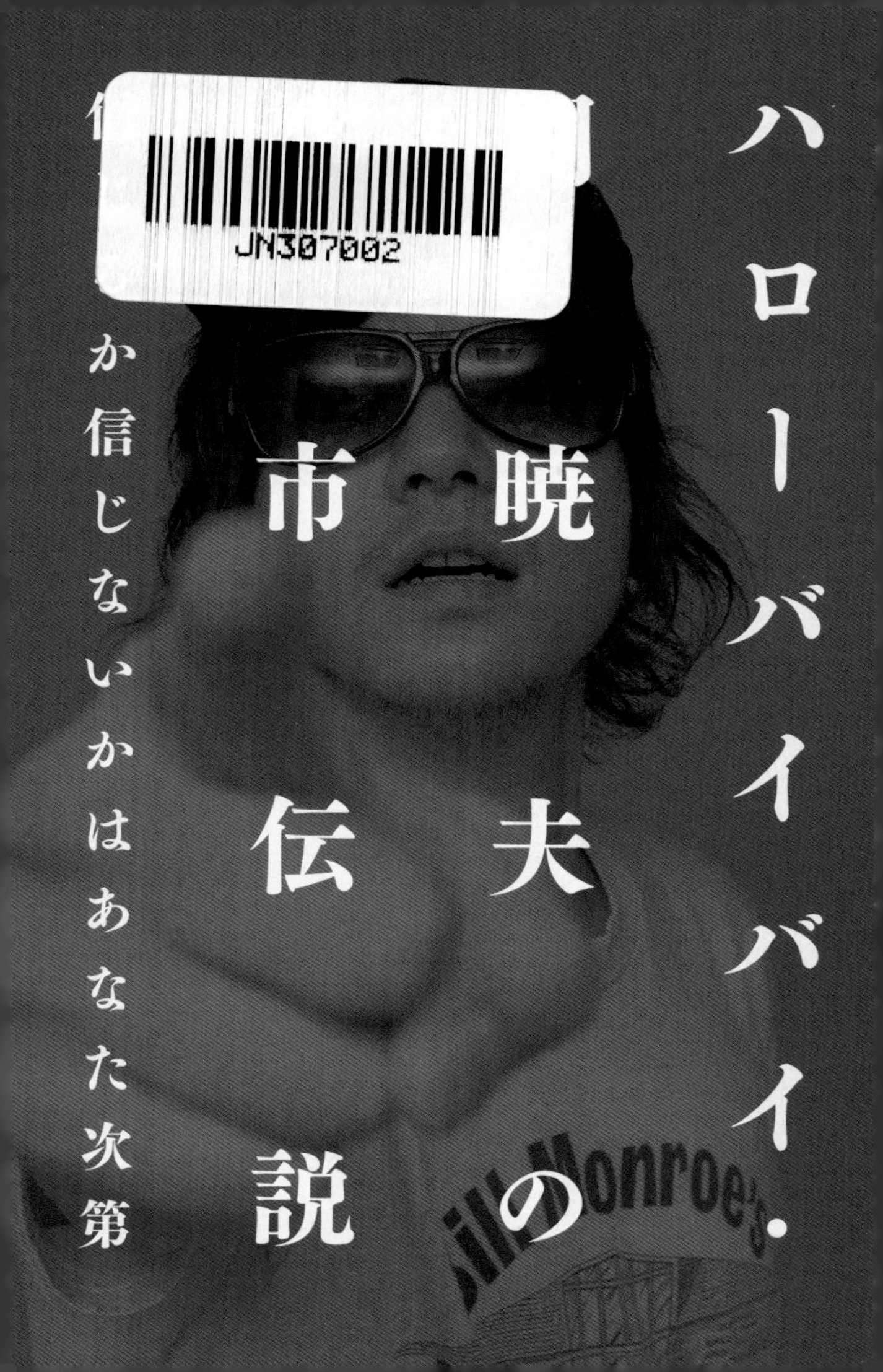
ハローバイバイ・
暁夫の
市伝説
信
か信じないかはあなた次第
Monroe's

アメリカ、テキサス州のグレンローズを流れるパラクシー川の白亜地の地層に残る恐竜と人間の足跡。人類と恐竜は共存していたという根拠のひとつです。

信じるか信じないかはあなた次第です。

Exclusive Files.1

恐竜と人類が共存していた!?

Exclusive Files.2

長〜いネコが実在した!?

Museum
Music Valley Drive
Nashville,TN
見よ！この長さを!!

馬にしても牛にしても、家畜となった動物には、いわゆる「人間の都合」で品種改良されたものが多く見られます。有名な都市伝説では「ケン○ッキー・フライドチキン」に使われている鶏肉が、六本脚の〝奇形〟を大量飼育して使っていたという話がありますが、数年前にデンマークのテレビで、奇形のニワトリを養殖している養鶏場の様子が放映されたとかで、にわかに話題となりました。

さて、ここでお見せするのは、異常に胴長の猫。実はこの猫、三味線用に品種改良されたといわれているのです。

ダックスフントがウサギ狩り用に、穴に入りやすく、脚が短く胴長に品種改良されてできた品種であるように、より多くの〝皮〟を取るためにこんな姿になってしまったとのこと。

信じるか信じないかはあなた次第です。

もはや自力では歩けません。

Exclusive Files.3

宇宙人カプセルを見学。

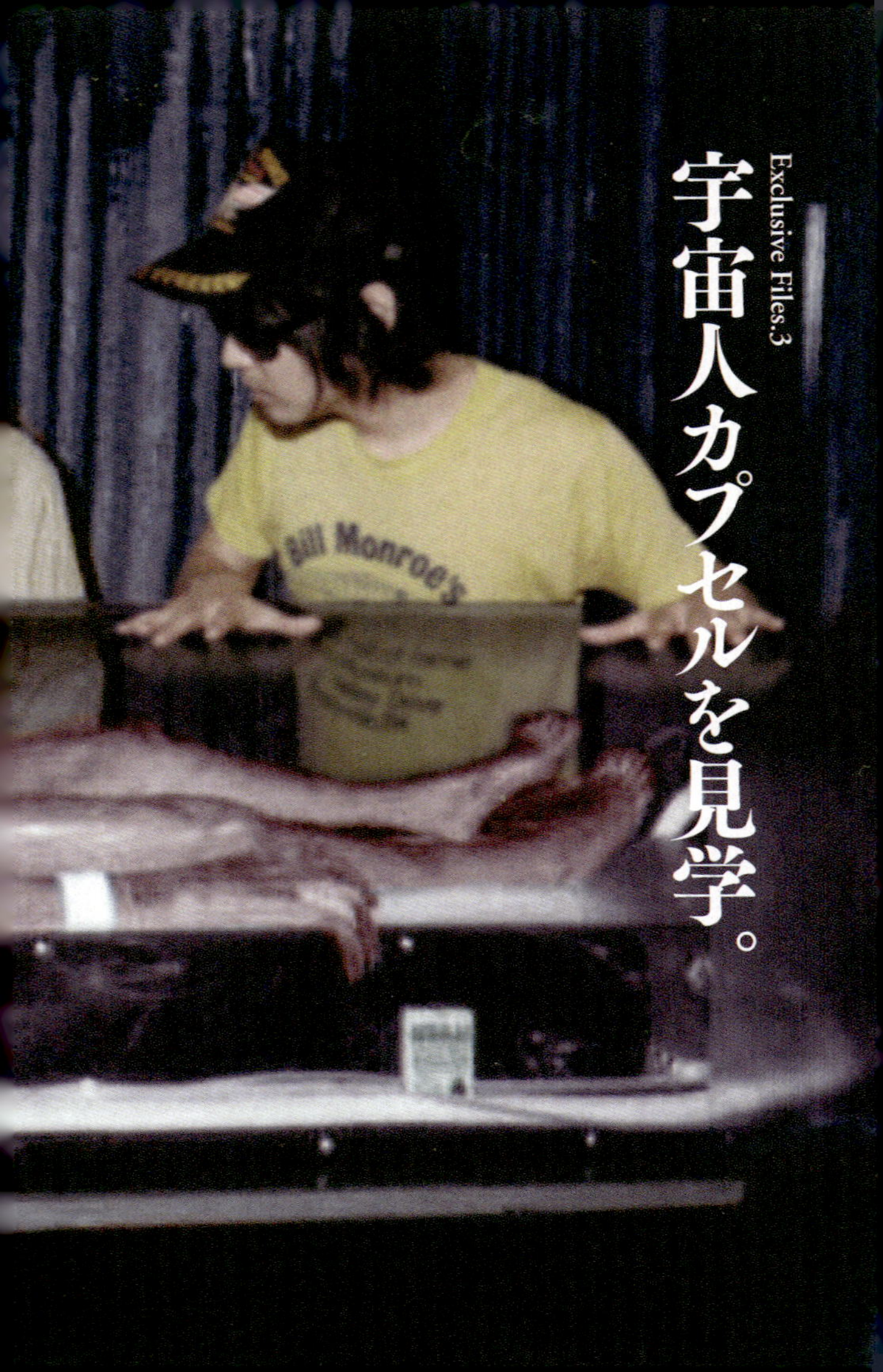

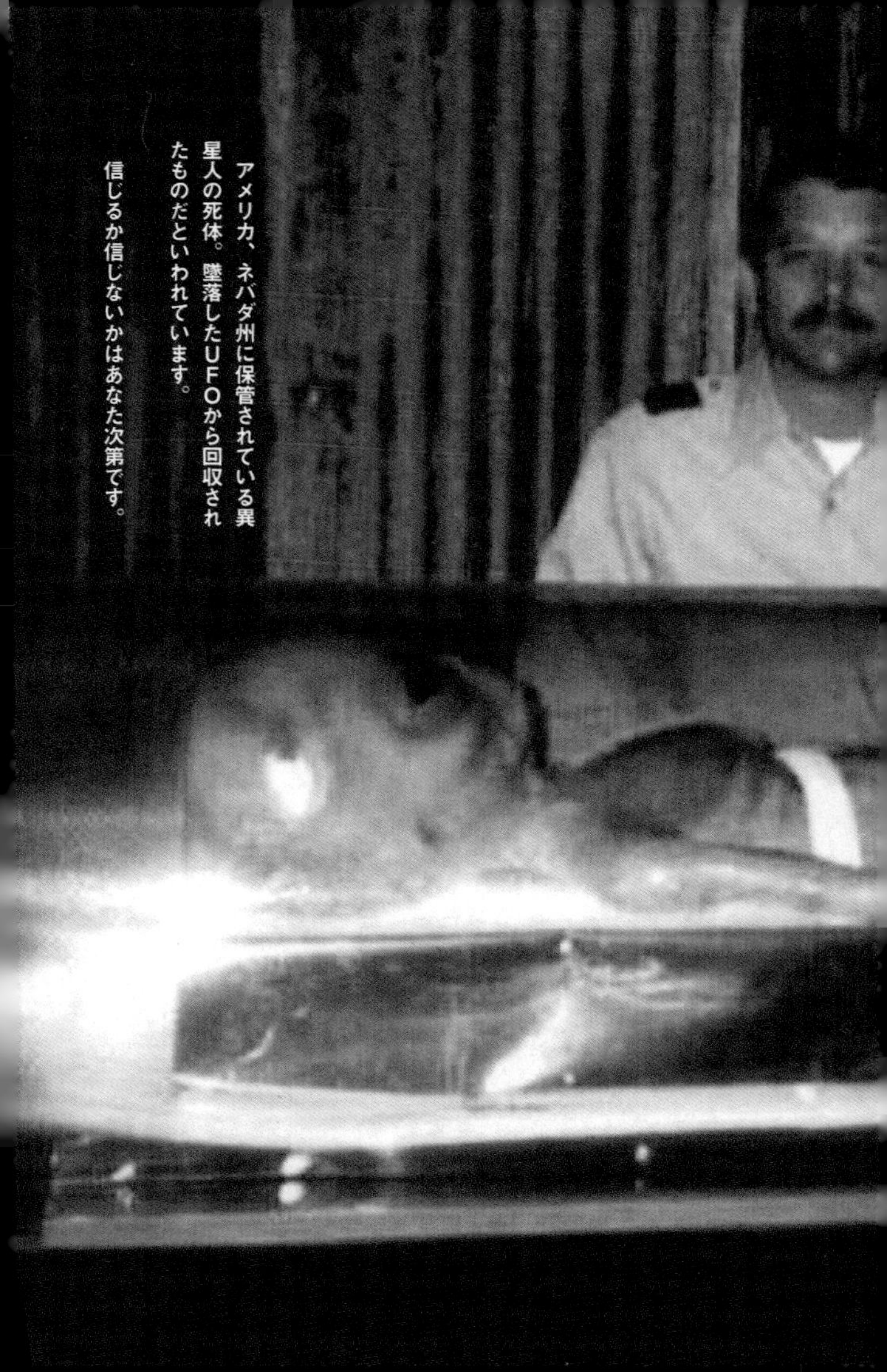

アメリカ、ネバダ州に保管されている異星人の死体。墜落したUFOから回収されたものだといわれています。

信じるか信じないかはあなた次第です。

Exclusive Files.4

中国のオーパーツ資料を見た。

ここで見ているのは、中国のオーパーツである石製円盤の資料です。バイヤンカラウラ山脈中に降り立ったドロパ族が遺したものといわれています。一二〇〇〇年前にシリウスから来たのではないか、とされています。

信じるか信じないかはあなた次第です。

ハローバイバイ・関暁夫の都市伝説
信じるか信じないかはあなた次第

関　暁夫

幻冬舎よしもと文庫

ハローバイバイ・
関暁夫の

都市伝説

信じるか信じないかは
あなた次第

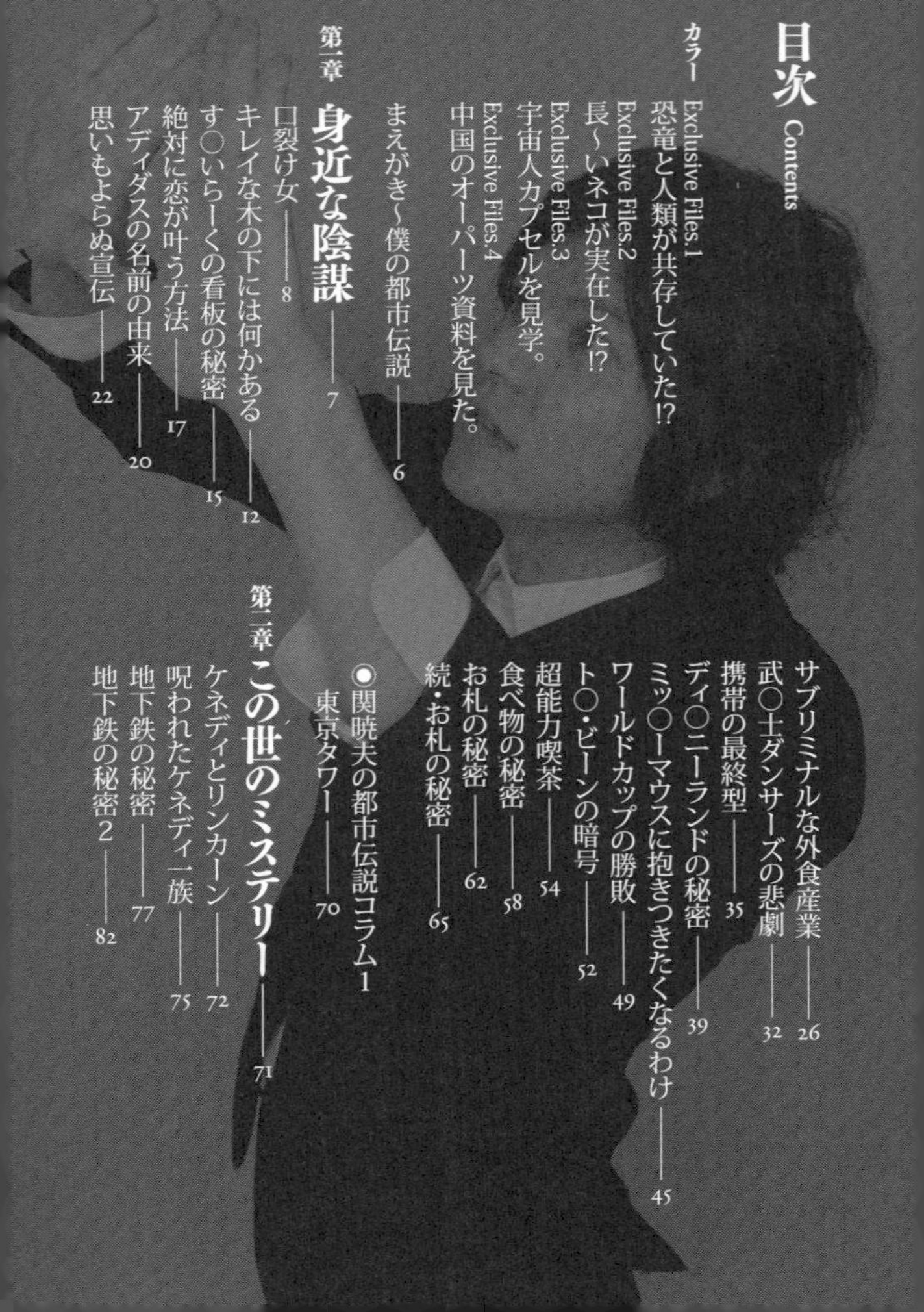

目次 Contents

まえがき ～僕の都市伝説

この本を読む人へ、あらかじめ言っておきます。

ここに書かれている内容は、世の中で言われている不思議な話やうわさ話、**僕なりのルートで集めた話の中から、ごく一部をまとめた、いわゆる「関暁夫の都市伝説」です。**

本当だと思う人はそれでもいいし、ウソだと思う人もそれでもいい。でも、**火のない所から煙は立たないのです。**

信じるか信じないかはあなた次第です。

【第一章】身近な陰謀

都市伝説とは、
より多くの意味を含んでいきながら、
魅力的な形で私達に提示される
「ニュース」なのだ。

――ジャン・ハロルド・ブルンヴァン

口裂け女

まずは「都市伝説とは何か」を理解してもらうために、都市伝説で最も有名な「口裂け女」を例にお話ししましょう。

「口裂け女」は、七〇年代の終わりから八〇年代にかけて子供を中心に広まった代表的な都市伝説です。話が広まる過程でいろいろな説がくっついていったけれど、共通して語られるのはこんな内容。「夜道で女が『私きれい？』と聞いてくる。『はい』と答えると『これでも？』とマスクを取る。するとその口は耳まで裂けていた。正体は美容整形に失敗した女。一〇〇メートルを三秒台で走り、『ポマード』と言うと逃げ、べっこう飴をあげると助かる」。

今から考えるとヘンなことだらけですが、当時の子供たちは本

気で恐怖し、パトカーが出動したり、集団下校が行われるなどということまであったのですから、笑ってばかりもいられません。

ではどうしてこんな話が全国に広まったのか。ＣＩＡが日本で噂が広まるスピードを計るために、青森から流して鹿児島に到達するまでの日数を数えていた、なんて説もあったけど、これは違いますね。広まった背景には、七〇年代の後半という時代を反映したひとつのキーワードがありました……**それは「塾」です。**

「口裂け女」伝説は、諸説ありますが、岐阜のひとつの家庭から始まったという説が有力です。ちょうど受験戦争が激化した時代。みんな学校が終わってから塾に通っていたのに、その家庭にはそんな経済的な余裕はなかった。でも子供は友達と同じように塾に行きたがります。そこで**母親が塾に行きたがる子供をあきらめさせようとついた嘘**がこの話だったのです。「塾が終わって夜遅くなると、口が裂けた女が現れて襲われるから危険だ。だから塾になんか行かない方がいい」と。苦し紛れの作り話でしたが、**これが「口裂け女」の始まりなのです!!** 真に受けた子供は、学校へ行ってその〝怖い話〟を友達に聞かせます。すると話を聞いた子は塾に行って皆に話す。塾で聞いた子は自分の学校で話し、そしてまた塾へ……。

昔ならその学校か、せいぜい周辺地域で終わっていたでしょう。しかし学区を関係なしに子供が集まる「塾」を介して、噂はどんどん広まっていったのです。さらに頻繁にあった「転勤」が、噂を広める範囲とスピードに拍車をかけた。実際この時代、ご存知の人も多いでしょうが、中部地方は日本各地に較べて塾が多く、転勤も多い土地柄だったのです。ある程度この噂が広まると、今度はラジオなどのメディアが面白がって取り上げ始めました。こうして「口裂け女」伝説が全国に広まっていったわけです。

実は広まった背景と同様、細かい設定も時代を反映しています。

「美容整形」は、ちょうどその当時、学会が発足して第一回総会（七八年）を開くなど、日本でも広まってきました。しかしまだ失敗への恐怖も強く、ネガティブなイメージが強かった。「一〇〇メートル……」のくだりは、ロス五輪（八四年）を前に、カール・ルイスという陸上のスーパースターが現れ、超人的活躍が大インパクトを残した。そのイメージから「カールより速い」とくっついたのでしょう。ポマードは当時問題になった「暴走族」の危険なイメージから、べっこう飴は七七年に日本に上陸して人気になった「チュッパチャプス」から連想したと考えられます。このように、都市伝説は時代を映しながら発展していくものなんです。

さあ、これからあなたを不思議な都市伝説の世界へお連れしましょう。

信じるか信じないかはあなた次第です。

キレイな木の下には何かある

綺麗な桜の下には死体が埋まってる……。

梶井基次郎や坂口安吾もそんなことを言っていましたが、これは桜の名所でよく言われる都市伝説です。本当にそうなのかどうかは掘り返さないと分からないですが、それよりも、なぜこんな話が語られるようになったかを考えてみましょう。

きっとそこには掘られたくない理由があるんです。**だからわざと人が楽しめる木を植えた。**「花見を楽しみにしてるんだから伐《き》るなよ」「春の商売があがったりだ」という声があがると分かっていれば、その土地に手を入れたりできないですよね。そういう空気作り、理由作りには最適です。

近年確かに、お花見で有名な某公園が改修されるということで、桜の木の移植が行われたらしいんですが、その時も**厳重な警備体制の中、黒いスーツを着た人たちの姿もあった**とか言われていますよね。

僕が気になっているのは、東京競馬場のケヤキ。テレビ中継を見ていると、**第三カーブのところの木が必ず邪魔になる**。ではなぜ伐らないいんでしょう？　実はその下にもやはり**死体が埋まっているという話**があるんです。呪われてるから伐れない、と。

昔、その計画を立ち上げた人や、伐ろうとした時に携わった人々が、謎

東京競馬場の航空写真。第3コーナーのところ（○で囲んだ部分）に、この土地の地名「是政」の由来になったとも言われている井田摂津守是政の墓所があり、いわくつきの木が植わっている。

の死を遂げたらしいんです。

実際、俗称「大ケヤキ」と呼ばれるこのケヤキの下にはこの地域の地名である「是政」の由来になったとされている**井田摂津守是政の墓所があります**。寺山修司の本などでも紹介されているんですが、この付近の木を伐った二人の人夫が二人ともその後に急死したので、墓のたたりと考えられて、残りの一本を伐る人夫がいなくなったからだといいます。

呪いなのでしょうか？　何者かの手によって殺されたのでしょうか？

信じるか信じないかはあなた次第です。

観客席の方向から見たそのケヤキ。競馬中継では、一瞬馬群が隠れることになる。

す○いらーくの看板の秘密

ヒバリのマークで有名な『す○いらーく』の看板には**実はオスとメスがあるのをご存知でしょうか？**　ただオスとメスというだけじゃなく、実はメスの看板の中にも、卵を産んでいる看板があるんです。で、その看板を見つけたら、お店に入って店長にこっそりと**「この店の看板、卵産んでますね」と言う。**すると、「誰にも言わないでくださいよ」と**コーヒーが一杯無料サービスになる**、というんですね。

全国の『す○いらーく』の看板には、まだ他にもいろんなバージョンがあるそうです。卵を産んでいるだけじゃなく、卵からひなが孵《かえ》ってる看板もあるんです。で、そのお店に入って店長に

「このお店ひなが孵ってますすね」と言うと、「誰にも言わないでくださいよ」と**ケーキを一個無料でもらえるそうです。**

この話を聞いて興味を持った人に、ここでどっちがオスでどっちがメスかの判別方法をひとつだけ教えましょう。**それは「おへそ」です。**「おへそ」があるのがオスとされています。

さあ、卵を産んでいるメスがどのお店にいるのかは、自分で探してみてください。

看板は、もちろん道路沿いにあるんですが、**実は表と裏が違ってたりするんです。**だから道路側は普通の看板だけど、駐車場に車を入れて裏側から見ると、卵を産んでたりする。探す時には表だけ見て「違うな」と判断しちゃいけませんよ。

信じるか信じないかはあなた次第です。

「おへそ」のある看板を発見！

絶対に恋が叶う方法

女の子向けですが、少し前によく語られた**「絶対に恋が叶う」**といわれている都市伝説をご紹介しましょう。今好きな人がいて、片想いの方は必読です。

これは是非自分の足で探してください。四谷にひとつだけ**金色の公衆電話があるといいます**。その金色の公衆電話で好きな相手に電話をすると、必ず想いが通じる。ただし、その時はテレホンカードや普通の一〇円硬貨を使っちゃいけない。必ず**ギザ一〇**(昭和二六～三三年に製造された一〇円硬貨。側面にギザギザがある)を使わなきゃいけないんですよ。

そして愛を告白すれば必ず恋が叶うのです。

本当かどうか知りたい方は、是非、探し出してください。ここではなぜ四谷に金色の公衆電話があるのか？　なぜギザ一〇なのかというお話をしましょう。

きっかけは**皇太子さまと雅子さまのご成婚パレード**でした。あのパレードのコースに四谷も入っていたんですね。で、当時、縁起物だからと、パレードに合わせて通りにある公衆電話が**ひとつだけ金色に塗られたんだそうです**。どこにあるかを知りたい人にはこれがヒントになります。**ご成婚パレードのルート**を調べて、その道を歩いてみればあるということです。

ではなぜギザ一〇なのか。これもある種の都市伝説として語られていましたが、**実は昭和二六年発行のギザ一〇には、実際に少しだけ金が含まれているんです**。その「金入りギザ一〇」というイメージが一人歩きし、昔は公衆電話といえば一〇円玉でしたから、「ギザ一〇」と「公衆電話」が「金」というキーワードで結びついた。そこに「ご成婚」という、全国民が注目した「恋愛成就」

の要素が加わって、この都市伝説が生まれたんです。そう、皇族の方がきっかけで生まれた都市伝説だったんですね。

最近の話では、女子高生の間で言われている**「両想い切符」**というのがあります。これを持っていると、好きな人と両想いになれるという話です。まず、**切符の端に記されている購買人数を見てください。**この四桁の数字の一桁目と四桁目の数字が一緒である切符がそれだとされています。しかも、四桁のまん中の二つの数字は両想いになれる確率（％）を意味するそうです。切符というのは自動改札を通すと出てきませんよね。駅員さんに言ってハンコを押してもらえば持ち帰ることができます。しかもこの切符、一〇枚ためるとより効果的という話もあります。もし二〇枚ためてもダメだという人は、**もう一度鏡で自分の顔を確認してみてください。**

信じるか信じないかはあなた次第です。

「両想い切符」の実例。この場合は95%の高確率で両想いになれる。

アディダスの名前の由来

以前から「ヒット商品には性を連想させるものが隠されている」と言われます。例えばコカ・コーラのびん、**あれは女性の身体《からだ》を模したものとして有名**ですね。また、アメリカで最初にドライヤーが発売された時は、売り上げが伸び悩んでいた。ところが、**持ち手を当時の男性のペニスの太さにした**ところ、売り上げが急増したという話もあります。これは逆に、**女性の性に対する潜在意識に訴えて成功**した例といえるでしょう。「メディア・セックス」という本でも語られているのですが、クラッカーのリッツの裏に「ＳＥＸ」という文字が焼き込まれているという話もありました。最近聞いた話では、リッツの発売された年にちなんで、**一九七一枚に一枚の確率で、「ＳＥＸ」入りのリッツが入っているそうです。**

そしてあの有名スポーツ用品ブランド、**アディダス**。この名称に、**実は性にまつわる言葉が隠されている**って話、聞いたことあります？

一般には創始者、アドルフ・ダスラーの愛称「アディ」と、ダスラーの「ダス」をくっつけたものだと言われていますが、実はある文章の頭文字を集めた言葉だというんです。英語で**Adidas＝All Days I Dream About Sex**（オールデイズ・アイ・ドリーム・アバウト・セックス）――私は常にセックスのことを考えています――と。**男女を問わず潜在意識に訴える言葉**ですね。それを商標にしている、ってお話です。

そしてもうひとつ。アディダスには隠されたあるストーリーがあるんです。これは二〇〇六年ドイツワールドカップに関する話。**優勝国の行方をアディダスが握っている……**この話はページを改めていたしましょう。

信じるか信じないかはあなた次第です。

思いもよらぬ宣伝

一時大流行したティラミス。流行のきっかけは発注ミスだった、そんなお話です。

当時、ある有名商社でティラミスを**一ケタ間違えて大量発注**しちゃった。その時はまだティラミスなんて誰も知らない。倉庫には在庫の山です。どうしよう、と考えた末にやったことというのが、**会社の女の子に、「これ今一番、流行《はや》ってるんだって」と言って配る**ということ。OLの情報網を使った**「口コミ」**戦略で、商品を売ろうとしたんですね。

その後はご存知の通りの大ヒット。発注ミスがなければ、まだ

発注ミスで大ヒット!

日本人はティラミスを知らなかったかもしれません。

似たような話で言うと、カップヌードルが今も売れるロングヒット商品になったきっかけは、昭和を振り返る時に必ず語られる**「浅間山荘事件」**でした。

当時、カップヌードルは売れずに大量の在庫を抱えていた。そこで日清はどうしたか。倉庫に置いていても仕方がないと、**売れ残ったカップヌードルを浅間山荘事件の現場に待機している警察官のために寄付**したんです。すると何が起こったか。今も大量のニュースフィルムが見られるように、あの事件は各局が現場からずっと生中継していました。その時、**寒空の下で頑張っている警察官の手にあったのがカップヌードル**。何しろ全局合わせればとてつもない高視聴率を誇った中継です。それを見ていた人たちの間で「あれ、何食べてるの？」と一斉に広まった。思いがけない広告になったんですね。

浅間山荘事件
(1972年)。

カップヌードルがドンと売れたのはここからなんです。

さあ、ここでみなさん、ミルキーには**「パパの味」**があるのをご存知ですか？　**なんと「五〇〇〇万分の一の確率でパパの味が混ざっている」**と言われているんです。果たしてパパの味とはどんな味なのか。苦いのか、オヤジ臭がするのか。それはみなさんのご想像におまかせしますが、ここではこの都市伝説が生まれた背景に迫ってみましょう。

きっかけは苦情の電話だったそうです。ある消費者から問い合わせ窓口（お客様サービス室）に**「ミルキーはママの味とか言ってるけど、全然ママの味がしねえじゃねぇか」**という電話がかかってきた。まあ、よくあるイチャモンですね。ちょっとおもしろいと思って電話してきたのでしょう。これに対して窓口の人が冷静に見事な返答をしました。

「じゃあ、パパの味だったのかもしれないですね」

ユーモアを交えたその答えに、電話をかけてきた人もそれ以上は何も言えなくなってしまったそうです。そしてこの見事な回答が、一種の伝説として広まっていったんですね。電話をした人が広めたのか、不二家の中で「模範解答」と認められて広まったのか、そこは分かりませんが、難局をとんちで乗り切った、現代版一休さんのような話でした。

信じるか信じないかはあなた次第です。

サブリミナルな外食産業

大戸屋という食堂、東京近辺にはたくさんありますよね。学生やサラリーマンはもちろん、女性のお客さんも多い。でもなぜか**一階にはない**ってことにお気づきでしょうか？

不思議ですよね。でもそこには理由があるんです。

最近はチェーン展開して店舗が増え、一階にあるところもありますが、以前は絶対に一階には店を作らなかった。必ず地下一階か地

地下へと吸い込まれるように誘う『大戸屋』の看板。

上二階以上です。なぜか。一階より家賃が安いからというのもありますが、それよりも**人間の深層心理**を突く巧みな戦略があるんですよ。

今度行ったらちょっと見てみてほしいのですが、**大戸屋って女性のお客さんが多いですよね。**ポイントはここです。なぜ女性が多いのか。言い方を変えればなぜ女性が入りやすいのか。実は定食屋という店柄、一階にあると女性には何かと不都合なんですね。食べているところを通行人に見られたり、下手をすれば知り合いに見られることもある。**女性にとっては落ち着いて食事ができないんです。**だから知らず知らずのうちに一階の店は避けてしまう。それを地下や二階にして人目から離す工夫をすると、女性は自然にやって来る。

僕の周りの女性に「なんで大戸屋に行くの？」と聞くと、みんな「ええっ？」って言うんですよ。で、返ってくる答えは「まあおいしいし安いし」というぐらい。あまり意識せずに行っている、逆に言えば本人も気づかない心理を突かれているんですね。

大戸屋に限らず、最近、地下や二階以上の定食屋が多いのはこういう理由からなんですよ。

例えば、**ス○ーバックス**といえばシアトル発のコーヒーショップです。シアトル現地で爆発的な人気を得て、各地に人気コーヒーショップとしてチェーン展開しているんですが、この爆発的なヒットには、実は理由があります。**それはあの看板に隠されているというんです。**

都市伝説好きの人なら知っているかもしれませんが、まず看板を見てください。**緑色ですね。**この緑色というのは**人間の目に最も敵対心なく**入ってくるとされている色だそうです。すんなり目に入る色、だから信号の色も「青」と言いながら実は緑色ですよね。

もはや世界規模で有名な看板。

そして**その緑色の看板の中にある絵に注目してください。**あの中の絵の王冠を被った女性（ギリシャ神話の人魚セイレーン）の背中の両方から、翼のようなものが生えていますが、あの王冠を人差し指で隠してください。そして両脇の翼の部分をもう一方の手で隠してもらうと、**真ん中に浮かび上がる絵が実は、ムンクの『叫び』になっているんです。**ムンクの『叫び』というのは、**人に対して強迫観念を押しつける**そうです。ですからつい、あの看板を目にして、その中にある〝ムンクの『叫び』〟を見ることによって、つい**「コーヒーを飲まなければ」**という衝動に駆られてしまうそうです。コーヒーの美味《うま》さ、良し悪しをそんなによく分かっていない日本人が、なぜあんなにス〇バを受け入れたのかというと、実はその看板にその理由が隠されていたんですね。まあ実際おいしいから売れるんでしょうけど。

　それともうひとつ。多分、これを読んでいる人のほとんどが口にしたことがあるんじゃないかな。有名ハンバーガーチェーンの

「マ○クシェイク」は、なぜヒットし、今も売れ続けているのか。単においしいとか、CMの効果とか、そういう理由だけではないんです。実はちょっとした工夫を加えたことで、今も売れ続ける人気商品になったんですよ。

そのシェイクは当初は売り上げが伸び悩んだそうです。そこで、**男女の区別なく経験のある人間の深層心理を刺激する**マイナーチェンジを施したところ、見事に人気商品になったのです。では何を変えたのでしょう。そのシェイクを思い出してみてください。付属のストローは、よくあるストローより少し太いでしょ。**あの直径は平均的な女性の乳頭と同じ大きさです。**さらに、吸ってもなかなか出てこない。あの感じ、あれは**赤ちゃんが母乳を吸うとき**と同じ力で出るよう、粘度を調節しているんです。

一度飲むと強く印象が残るのは、味覚と同時に、知らず知らず

のうちに、**男女とも経験する深層心理をくすぐられていた**からなんですね。想像してみれば分かりやすいですが、もし細いストローでス〜ッと飲めたり、フタを取ってダイレクトに飲んだら、全く印象の違う飲み物です。

信じるか信じないかはあなた次第です。

小さな紙コップに詰まった、完璧にマニュアル化された「サブリミナル効果」の集大成。

武○士ダンサーズの悲劇

何人ものダンサーが踊る武○士のCM、あのダンサーは武○士からお金を借りて返済できない人たちだった——そんな話、聞いたことありますか？

最近はちょっと違うパターンが流れていますが、武○士と言えば永い間あのCMだった。**正面からのショットでも、ダンサーの顔が分からない。** しかし不思議なことにダンサーの顔が髪で隠れていたり、横顔だったり、誰かは分からないようになっていた。それは借金を返済できない一般人たちが集められ、見せしめとして踊らされているから。だから顔を映せないんだ……そんな話です。確かに、「元武○士ダンサー」と謳《うた》って表に出てきたのは、ヌードやAVなど、お金に困っている人が飛びつくような仕事ばかりでした。

何やら聞けば聞くほど説得力のあるこの都市伝説。しかし、これを広めたのは僕の身近にいる人……**吉本興業の芸人だったんです**。先輩の**ハリガネロック**さんの漫才のネタが、都市伝説として定着しちゃったんですよ。で、このことを本人たちに直接聞いてみたんです。もちろん本人たちはこの都市伝説が日本中に広まっているなんてことは全然知らなかったようなんですが、**確かにネタの中にこのようなくだりがある**ということでした。しかもこのネタは、普段テレビではやらないらしいんです。なぜならCM出稿量が多い民放では、このネタはできないんですね。**唯一CMがないNHKで一度だけやることができた**ネタのひとつのボケが日本中に伝わり、都市伝説になっちゃったんですね。NHKは全国放送ですから、あっという間に全国に広まった、というわけです。

ただ残念なのはハリガネロックのネタだということは忘れられてしまったこと。都市伝説になるほどインパクトがあったネタ

ジョー・リノイエによる武○士CMソング『Synchronized Love』のCDジャケット。こちらもなぜか画像がソラリゼーション処理されていて、ダンサーの顔が一切分からないようになっている!?

だったのに……。これからも民放ではこのネタはできないし、見たい方は**是非劇場まで足を運んでください。**

信じるか信じないかはあなた次第です。

ハリガネロック

携帯の最終型

携帯電話に関する都市伝説もいくつかありますね。その前に、これはニュースでも報道されていた話ですが、機種によっては不思議なバグが残っているそうです。ＳＨ９０２は、メールの本文作成で、**ひらがなで「みられまくっちゃ」と入力すると**、一旦電源が落ちて、また再起動するという誤作動が起こります。でも、ソーシャルネットワーク設定をしていればならないのだとか。そして、知人に聞いたところによると、ＳＨ９０１の本文作成で、**ひらがなで「かぜがなおりかけた」と入力**してから、一斉変換していって、最後の「かけた」だけ、ひらがなのまま決定にすると、携帯がかたまったり、**誤作動が起きるそうです。**

さあ、では携帯電話の未来の話をしましょう。**携帯の最終型**っ

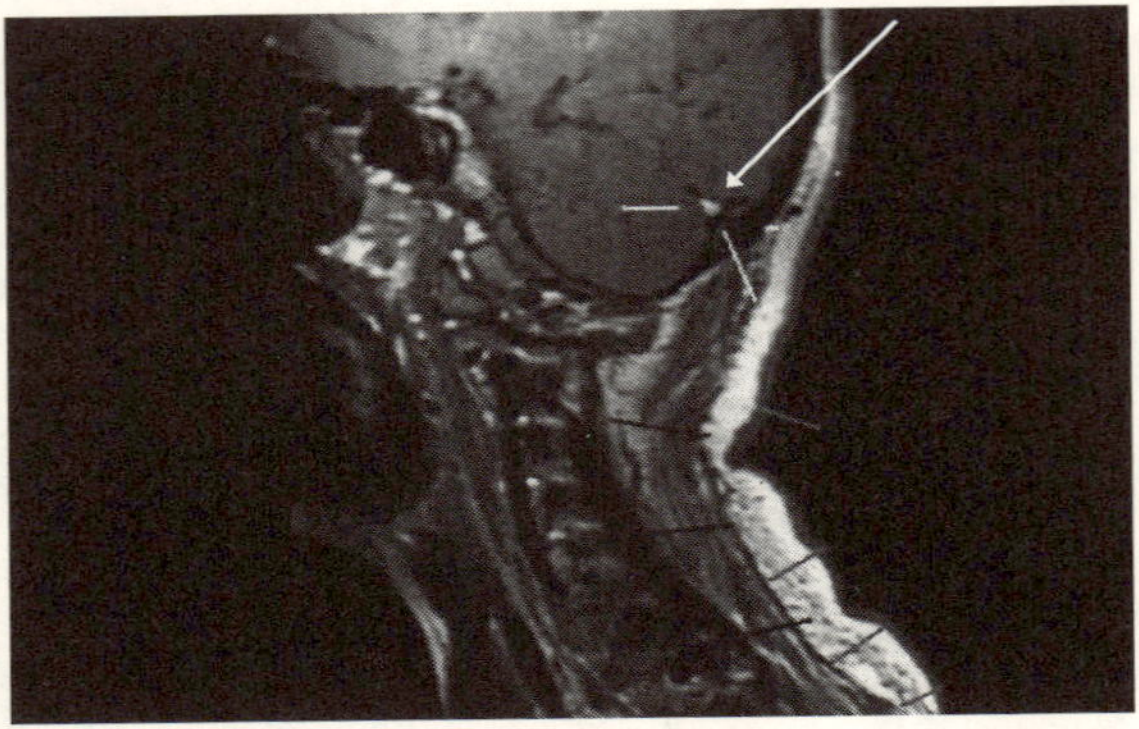

携帯ではないが、頭にマイクロチップが埋め込まれている人のレントゲン写真。ちなみに下の写真は手に埋め込まれているもの。マインド・コントロールに使用されるらしい。ちなみにペットでは既に使用されている例も多い。

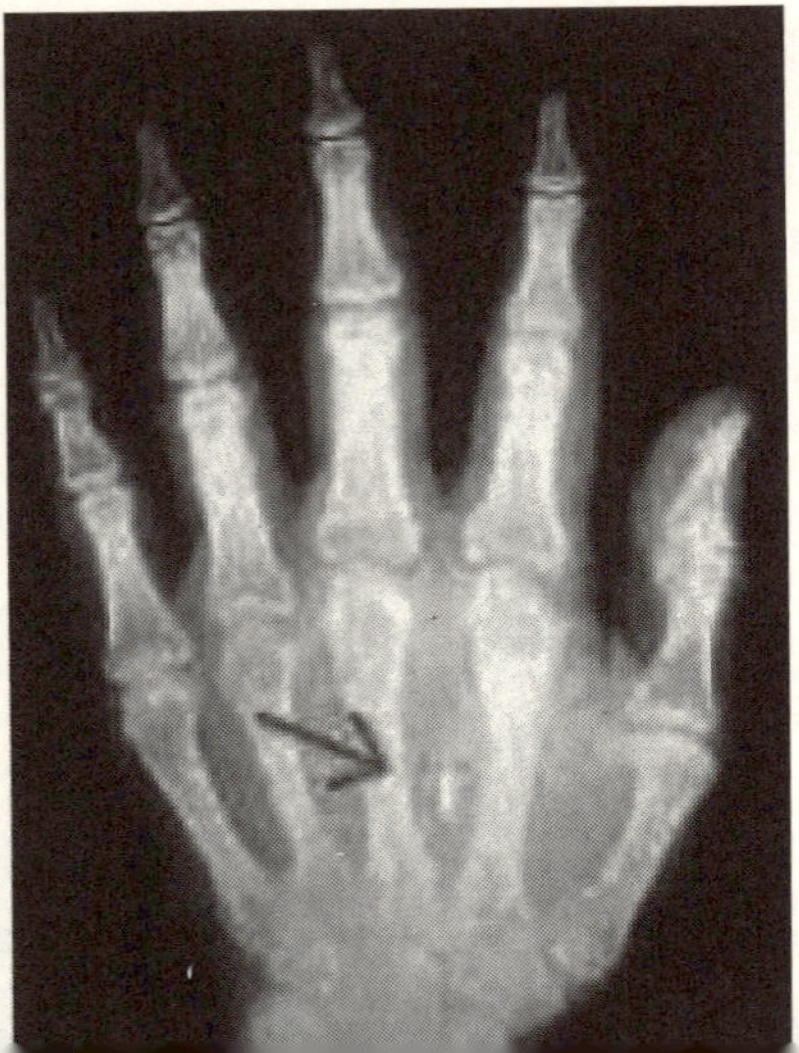

てどういうものか、想像つきます？　携帯がこれからどう進化していくか。これはすでにある企業で開発に取り組み、**もう完成しているそうです**。それは**「マイクロチップとして脳に埋め込む」**というものなんです。

　脳には**記憶の部屋がある**んですが、例えば「山田さん」と思ったら、山田さんの顔を想像しますね。そのとき、**その記憶の部屋と部屋の間に電気が流れる**んですよ。小さな電気がピッと流れる。その脳が生み出す電気に、埋め込まれたマイクロチップが反応します。例えば誰かに電話をかけたい時は、その人の顔を思い浮かべます。すると電気が流れて、その人に発信できるようになる。そこでこめかみを「ポーン」と叩くと、これが合図になって、発信する。誰かから電話が来る時は、その人の顔が浮かんでくるんです。受けるならまたこめかみを「ポーン」と叩く。声は骨伝導で聞こえてきます。もう、電話番号を数字として覚えておく必要はないんですね。常に携帯も、今発表しているヤツの先が開発されているらしいので、既にモニターとして、**マイクロチップを埋**

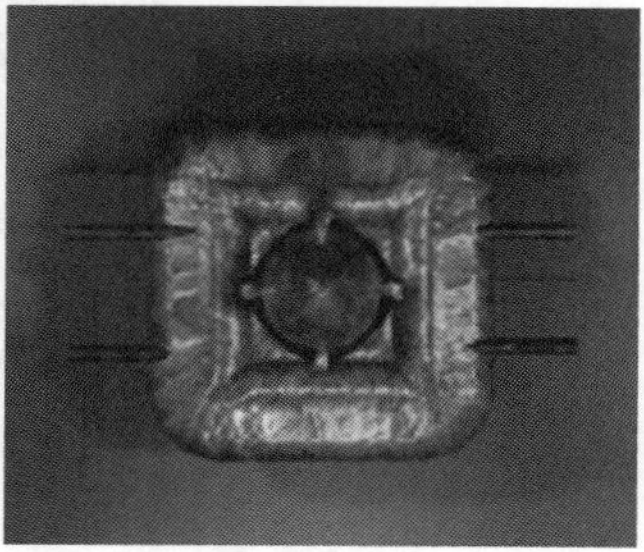

人体に埋め込まれるマイクロチップの例。

め込まれている人が、もういるらしいんです。

実際、NTTドコモがすでに指輪型の携帯電話ハンドセット(Yubi-Wa)を開発、発表しています。骨伝導スピーカーを搭載し、指輪をつけた指を耳の穴に入れて通話する。発信、受信は指先をトントンと叩く、そのリズムによって決まります。ただ、まだこれは携帯電話本体があった上での通話ツールでしかないんですが、発信、受信、通話に骨伝導といった機能が、ひとつの指輪の中に納まるところまで来ているんです。一〇年後にマイクロチップになって売られているかは分からないですが、携帯電話が今とは全く違う形になっているのは間違いないでしょう。

ところで、この「マイクロチップ型携帯」の話を読んで、何かを思い出しませんか？　**そう、テレパシーです。**よく**「宇宙人=未来人説」**というのがありますが、宇宙人というのは、携帯がそのレベルに達した時代から来た人たちなのかもしれませんね。

信じるか信じないかはあなた次第です。

「Yubi-Wa」はこうしてかける(NTTドコモの資料より)。

ディ○ニーランドの秘密

俗にディ○ニーランドの地下には『巨大カジノ』があると言われています。その名前は『クラブ33』といい、そこに入ることのできるのは、スポンサーや世界の著名人だけだと言われています。しかも、そこにいるバニー・ガールはウサギの格好ではなく、ネズミの格好をしていて〝マウス・ガール〟と呼ばれています……という話を聞いたことのある人は多いと思いますが、**実は地下にはありません。**

では果たしてどこにその『クラブ33』が存在するかといいますと、**ワー○ドバザールを入ってすぐ右手にあるんです。**ここで細かい場所は言えませんが、もちろん外からはどこだか分からないようになっています。

そこに入れるのは秘密の会員だけです。会員がスタッフに言うと、初めて秘密のインターホンの鍵を開けてくれます。そのボタンを押すと、扉が開くようになっているんです。

『クラブ33』のカーテンを開けることは許されません。中から外を覗《のぞ》くことは一切禁止なのです。基本的に中での食事は無料と言われています。**なぜなら全てミッ○ーの奢《おご》りだからだそうです。**なぜ『クラブ33』と言うか？　勘の鋭い人はお気づきでしょうが、ミッ○ー、ミ○ーの**33**ということです。是非そこに行きたい人は、自分で頑張ってコネクションを作ってください。

このようにディ○ニーランドには、数々の都市伝説があります。ディ○ニーランドだけに現れるという誘拐団の話や、ス○ースマウンテンに関する死にまつわる話など、いくつかありますが、**実際にみなさん不思議なことに気づきませんか？**

ディ○ニーランドって、なぜカラスが集まってこないんでしょう？　あれだけ人もいるし、食べ物だってあるのだから、普通ならいてもおかしくないですよね。清掃が徹底していて、衛生面がしっかりしているからという説明だけで納得してもいいのでしょうか？　それに、ディ〇ニーランド内では**夜、外灯に虫がたからない**というのにお気づきでしょうか？　なぜでしょう。**実はこれには秘密があるんです。それは……鳥や虫が嫌う周波数の超音波を放出し続けているからなんですよ。**

この超音波というのは人間には聞こえない周波数で、害もない。だから人間は普通に過ごせます。実際、このノウハウを生かした家庭用の装置というのも販売されていますし、猿や猪退治にも使われています。普通に遊んでいたらまず気づきませんが、実はお客に不快感を与えないよう、見えないところでこういう努力をしているんですね。

ただ、**人間って年齢によって聞こえる音が変わります**から、子供によってはこの音が聞こえてしまう子もいるみたい。しかも、

脳がまだ未発達な段階、だいたい四歳くらいまでの子供がその超音波に感応してしまうのです。ディ○ニーランドに行って異常にハシャいでる子を見て、親たちは満足しているかもしれませんが、それは単に喜んでいるのではなく、**感情をコントロールできなくなって、理性を失っている状態かもしれません。**

大半の人はこの話を聞いて嘘だと思うかもしれませんが、よく考えてみてください。そんなに物の分別もつかない子供なのに、他の遊園地との区別がつくと思いますか？　子供が他の動物のぬいぐるみとミッ○ーマウスを区別できるでしょうか？　**なぜディ○ニーランドだけ特別なんでしょうか？**　やはりその子にはその音が聞こえているということなのでしょう。

そしてもうひとつ、あまり世の中に知られていない夢のある話をお教えしましょう。それは見つけると**幸福**になるといわれている**ビッ○サンダーマウンテンに関する都市伝説です。**

これは是非自分の目で確かめてほしいんですが、まず、ビッ○

サンダーマウンテンを思い出してください。このアトラクションのモデルは、西部開拓時代の鉱山ですよね。そして大きく分けると三つのトンネルに別れています。その三つのトンネルのどこかに、**金色のネズミが一匹だけいるんです。**でもここは〝夢の国〟ディ○ニーランド。ネズミといってもチューチューと鳴いている普通のネズミではありません。もうお分かりですよね。**西部開拓時代の鉱山、そして金色のネズミ＝黄金のミッ○ーマウス**が三つのトンネルのどこかに隠れているんです。

それを見つけて店員さんに「どこどこに金色のミッ○ーがいますよね」って言って、当たってると、「内緒にしておいてください」じゃないですけど、ディ○ニーの粗品がもらえるんですよ。

ディ○ニーランドって身長制限に達してない子供がそれに乗ろうとすると断られますよね。身長が高くなったらまた来てくださいみたいな感じで、その時は証明書みたいなのをもらうんですよ。で、身長が伸びて、乗ることができるようになったときにその証明書を渡すと、もうファストパスとかそういうのはなしに、最優先で乗せてくれるんです。そして、乗るとミッ〇ーとミ〇ーのステッカーがもらえる。それと同じようなものです。

三つのトンネルのどこにあるか、**ヒントだけ言います。**このトンネルのうち、**誰しもが注目するポイントで逆の方向**を見ると、そこに黄金のミッ〇ーがひょっこり顔を出すんです。しかも、**毎回出るとは限りません。**一日数回と決められているんです。運が良ければ会えるかもしれませんね。

園内にはたくさんの〝隠れミッ〇ー〟というのが存在します。そして、それを探し出すのも〝夢の国〟ディ〇ニーランドの楽しみのひとつです。

信じるか信じないかはあなた次第です。

ミッ○ーマウスに抱きつきたくなるわけ

ミッ○ーマウスを好きな人は多いですよね。しかも、**男性よりも女性の方が圧倒的に多い。**女性の方がキャラクター好きなのか、ディ○ニーランドでも、「かわいい！」とか言いながら、ミッ○ーに抱きついている女性をよく見かけますよね。でも、女性が多い本当の理由って分かりますか？　実はウォ○ト・ディ○ニーの原画の時から、**あのキャラクターには深層心理をくすぐるサブリミナル効果が使われている**んですよ。

どういうことなのか、ご説明しましょう。分かりやすくするために、こちらで描いたミッ○ーマウスの絵の顔部分を真っ黒に塗りつぶしてみたものを作りました。で、**これを上下逆さにします。**

分かりますか？　何かに似てませんか？　そう、**おちんちんの形**そのものでしょ。しかもちょっと包茎。耳の辺りなんて正に金玉です。**嘘のような話かと思うかもしれませんが、実はこういうことがサブリミナル効果となって、深層心理をくすぐられてしまうのです。**だからつい、男の子より女の子の方が触りにいってしまうんですよ。もし、シルエットで女性の裸らしきものが映っていたら、男の子なら思わずそれを見てしまうでしょう。それと同じことです。

　仮にミッ〇ーがもっと細い形だったら、いや、もっとネズミに近かったら、こんなに人気にはなってなかったでしょう。あの時代にここまで作り上げていたウォ〇トは本当に凄い。創造力に加えて、先を見通す想像力もあったことの証明かもしれません。確かにＦＢＩと関係していたという噂も、まんざら嘘ではないように思えます。いや、正確に言うと、ミッ〇ーマウスを作ったのは、ディ〇ニー・スタジオ黎明期にアニメーターだったア〇・アイワークスなる人物。この人の先見の明というか、術中にハマっている

これがシルエット。逆さに見ると……。

のかもしれませんが。

深層心理に訴えるキャラクターといえば、キ○ィちゃんもそうですね。あの二頭身が赤ちゃんを連想させるんです。それで母性本能をくすぐっている。世間に出回っている二頭身キャラクターは、そういう女性の心理をついているんです。人気商品の形には、それぞれそれなりの理由があるということです。

これを読んでいるあなた、もしくは彼女、もしミッ○ーストラップをつけているならば、それは**金玉ですよ！**

信じるか信じないかはあなた次第です。

ワールドカップの勝敗

二〇〇六年のワールドカップドイツ大会が始まる前に、僕が周囲に予言していたことがひとつあります。それは優勝候補と言われていた**「ブラジルの優勝は絶対にない」**、ということ。結果はイタリアの優勝、フランスが準優勝。当たってはいるけれど、この本が出た時点では「終わった後に何言ってんの？」ということになっちゃいますよね。でも、そんな話を大会前に聞いて、みんなに話しちゃってたんです。どういうことかって？　その理由を説明しましょう。

ポイントは「スポンサー」、そして「開催国」です。ワールドカップを見ていれば気づくでしょうが、**ボールを始め、いろいろなと**

ころでアディダスが絡んでいる。ジダンが選ばれた、いわゆるMVPに当たるものは、正式には「アディダスゴールデンボール賞」という名称。アディダスは以前から**大会の大スポンサーです。**

今回はそのアディダス発祥の地にして本拠地・ドイツでの開催。だから資金力があり、同社にとって目下最大のライバルである「ナイキ」のユニフォームを着ているチームが、晴れ舞台に上がれるハズはなかった。**ブラジルのユニフォームはナイキ。**だから決勝に残れなかった、というわけなんですね。

優勝したイタリアのユニフォームはプーマ、準優勝のフランスはアディダスです。**プーマはもともとアディダスの創業者の兄弟が始めた会社**ですから、仲が悪いとか、いろいろ言われてるけれど、同じドイツのメーカーでもあり、

イタリアが見事優勝して幕を閉じたワールドカップだが……。

譲歩できる範囲です。

でも「そんなこと、コントロールできるわけないよ」と思いますか？　確かに、選手に指示を出して、ってのは無理でしょう。でも、**審判は……**。例えば前半からブラジルばかりにイエローカードが出たりとか、フランスが有利になるような、そんなゲーム、確かにありましたよね。

信じるか信じないかはあなた次第です。

ブラジルはイエローカードに敗れた!?

ト○・ビーンの暗号

アメリカに**「ト○・ビーン」**という会社があります。ノートパソコンを入れるバッグなどを作っている会社なのですが、あることがきっかけで大きく売り上げを伸ばしました。何をやったか……商品にこっそり**大統領の悪口を書き込んでいたんですよ。**そのやり方が見事、そして痛快だった。

洗濯時の諸注意を書いたタグがありますよね。「DO NOT MACHINE DRY」なんて書いてあるアレです。「乾燥機に入れちゃダメ」といった当たり前の注意書きと並べて、**フランス語**で「NOUS SOMMES DESOLES QUE NOTRE PRESIDENT SOIT UN IDIOT. NOUS N'AVONS PAS VOTE POUR LUI.」と入れてあった。

普通ならこんなところをじっくり見もしないし、気がついても「DO NOT MACHINE…」の仏語訳かな、ぐらいにしか思わないところですが、実はこの文章、

「我々のプレジデント（大統領）がアホですいません。僕らが投票したわけじゃないけど」

という意味だったんです。

これに気がついた人が出てきてアメリカで大騒ぎになってしまった。ト○・ビーン社は「プレジデントとはわが社の社長のことだ。ブッシュ大統領のことを言っているのではない。社員がふざけてやったことだ」と声明を発表しましたが、そのまま受け取るアメリカ人なんていません。折からの「反ブッシュ」の流れもあって、この騒動からト○・ビーン社は知名度、人気とも獲得し、急速に売り上げを伸ばしたそうです。

信じるか信じないかはあなた次第です。

超能力喫茶

長崎に、テレビやマスコミへの出演を拒み続けている**「超能力喫茶店」**があるんです。これは実際に僕の友達が行って体験し、僕に教えてくれた話です。

その友達の名前を仮に「森田貴広」としておきましょう。森田はどちらかといえば、超能力や超常現象などは信じないタイプです。友人から「マスターが超能力を見せるスゴイ店がある」と聞き、からかい半分でその店に行くことにしました。「どうせ手品じゃないの？　まあ、どんなものか見てやろう」。そんな軽い気持ちだったそうです。

問題の喫茶店は建物の2階にある。

しかし……。店に入っていきなりカマされた。ドアを開けたその時、マスターが「よく来たね、森田貴広君。君が来ることは決まっていたんだ」と、名前をフルネームで言ってきたというんです。まあ、でもこのぐらいなら「店を紹介してくれたツレ（友人）が言ったのか？」と、自分の中で納得できる理由を見つけられた。が、問題はこの後。**信じられないような現象が次々に起こった**というのです。

森田の名前を当てたマスターは、さらに父親、母親の名前まで正確に言い当てました。店を教えてくれた友人も森田の両親の名前までは知らない。なぜマスターが知っていたのか……。これはどうやっても説明がつかない。

マスターはちょっとしたショーとしてスプーン曲げも実演してくれるそうなんですが、**この曲げ方が尋常じゃないレベルだそうです。**よくある先の方だけクニャッというのではなくて、スプー

ンをグルグル巻きにしてしまう。金属を飴細工でもやっているかのように自在に操る。ここでも森田は「店の備品だから仕掛けがあるんだろう」と疑いながらタネ探しをしていた。するとマスター、それを見透かしたかのように森田の指輪を取り、自分の手のひらに乗せ、上から手を重ねてフッと息を吹きかけた。手を開くと……指輪がない！　消えていたんです。マスターは「トイレに行ってごらん」とひとこと。言われて行ってみると、トイレの手洗い場に指輪が置いてあった。もちろんその間に誰もトイレには入っていません。さらに、別のお客のお札が蝶のように舞ったり……。**目の前で常識では考えられない現象が次々と繰り広げら**

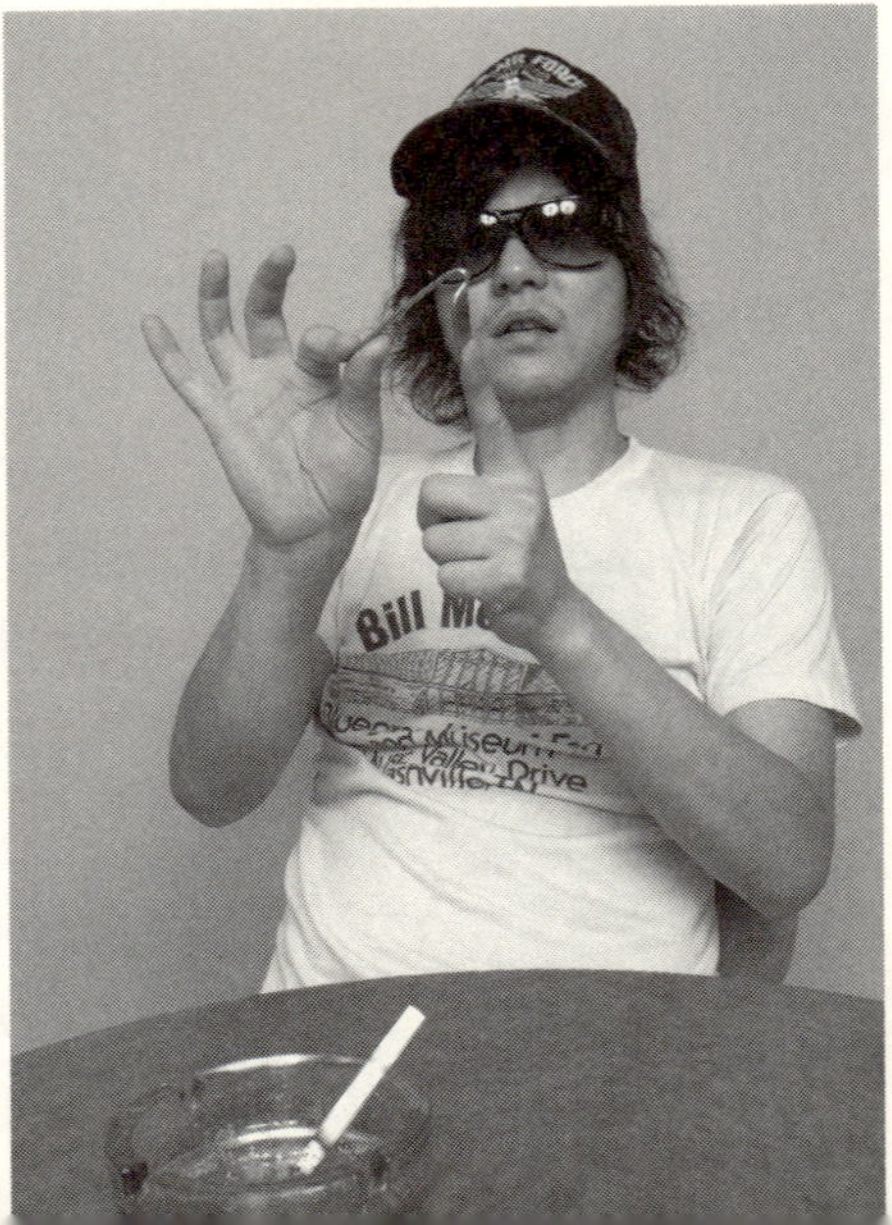

れたのです。

その後、この話を聞かせてくれた森田は、超能力に対する考え方がすっかり変わったようです。**部屋の壁には、この時持ち帰ったグルグル巻きのスプーンが、大事そうに飾られていました。**

確かに僕もそのスプーンを見せてもらいましたが、決して細工をしてあるような代物《しろもの》ではありませんでした。

ちなみにそのお店には、どことは言えませんが、**超能力を研究していると言われた世界的企業Sの会長や、別の大企業の会長が来店した時の写真が飾ってあったそうです。**

実在する長崎の喫茶店です。イニシャルは「A」。長崎に行くことがあれば、是非探してみてください。

信じるか信じないかはあなた次第です。

食べ物の秘密

回転寿司って、好きな人、多いんじゃないですか？　芸人の間でも人気があります。ギャラが入った時の唯一の贅沢が回転寿司だったり。でも本当は何を食べているんだろう……。

ひとつ不思議なのが、**なんであんなに安く大量にネタを調達できるのかということ。**企業努力といえばそれまでですが、ボクがある人から聞いたのは、例えばネギトロ。あれ、築地で売っている**「ネギトロの粉」**から作ることができるという噂があるんです。

元は白い粉です。これに水を入れてかき混ぜると、だんだんピンク色になって粘り気が出てくる。さらにサラダ油も加えて混ぜ続け、ネギを加えると、もうボウルいっぱいのネギトロが出来上がっているんですね。後は軍艦の上に盛り付けるだけです。

もともとネギトロって、マグロの身を取った後に骨に残った部分をすくい取ったもの。だからそんなに大量にはないんです。他のネタについても、「鯛」や「マグロ」として売られているのが南米の淡水魚だったり、通常は平目のものを指す「えんがわ」が、おひょうという二メートルにもなる巨大魚のえんがわ部分だったり。切り身になってしまっては分からないけど、冷静に考えたら正体が何かって分からないですよね。**回転寿司だけじゃなく、スーパーで安く売っているのも、正体はどうなんでしょう？**

寿司に限らず、ハンバーガーチェーンのフィッシュバーガーも、いったいどんな魚を使っているのか考えたことありますか？　白身魚？　どんな白身魚なんでしょう？　よくよく考えると、何を食べているのか分からないですね。肉だってそうです。**アメリカで「菜食主義者」が増えた背景には、こうした流通に対する不満もあったんですよ。**

安いものには理由があると思った方がいいかもしれません。

有名な都市伝説では「ケン○ッキー・フライドチキンには**六本**

「**脚のニワトリ**が使われている」とか、食用のミミズがあって、ハンバーガーに使われているという**〝ミミズ・バーガー〟**の話とか、食用肉に関する話は枚挙に遑《いとま》がありません。

食用ではないのですが、**こんな話を知っていますか？**　某生物研究所の前で、停まっている車の下からネコの鳴き声がした。覗いてみると、可愛らしいネコが顔を出していたので、思わず手を差し伸べ、持ち上げると、何とびっくり。その胴体は普通のネコの三倍はあろうかというくらい伸びていたそうです。思わず「気持ち悪い」と言って手を離すと、そのままネコは逃げていったという話です。

実はこの研究所ではないのですが、**品種改良されているネコが実在するのです!!**　それにはちゃんと理由があります。

場所は**絶対秘密**ということで、ここでは公表できないのですが、知人を辿《たど》ってその研究所に潜入取材することができました。

なぜこのようなネコを作るのかというと、**三味線の皮用として改良されているらしい**のです。噂話と違い、とても歩けるような状態ではありませんでしたが（口絵参照）、**実物を前にして、驚きを隠せませんでした。**

一見ひどい品種改良に思えるかもしれませんが、ダックスフントやブルドッグなども、人間の都合で改良された動物ですよね。広い意味では牛や馬だってそうです。そう考えると、もしかしたらグリフォンとかペガサスとかだって、既にもういるのかもしれません。

信じるか信じないかはあなた次第です。

元遺伝学者のピエール・マーティン氏が、バイオテクノロジーで開発した6本脚のニワトリ（フランス、ノルマンジーの養鶏場にて）。

お札の秘密

二〇〇一年の九・一一テロ。旅客機が世界貿易センター（WTC）ビルに突入した衝撃的な映像を、覚えている人も多いでしょう。あの大惨事を、他ならぬ**アメリカのドル紙幣が予告していた——**。そんなお話をしましょう。

もし持っていれば、二〇ドル紙幣を用意してください。まずジャクソン大統領の顔を内側にして持って、横に二つに折ります。続いて「TWENTY DOLLARS」と書かれた方を下に持ち、真ん中からこちら側に飛行機の形になるように折ります。**なぜ飛行機なのかは分かりますよね？**　この時右手側にTの文字が出てきます。上下を逆さにしてよく見ると、ある絵が浮かんできます。そう、ペンタゴンが炎上している様子です。さらにこれを裏返してみる

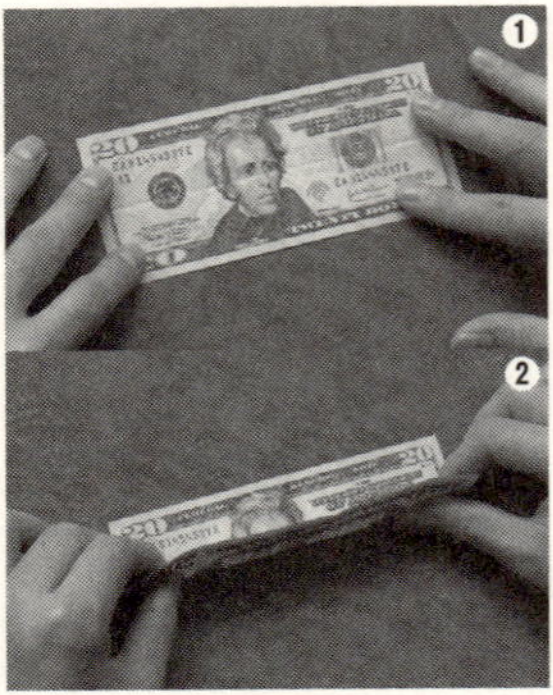

と……。なんと、**WTCビルが炎上している絵が浮かび上がるんです。**

ビックリしました？　でもここまでは聞いたことがある人もいるかもしれませんね。これだけではありません。実は二〇ドル紙幣には、**さらにある重要人物の名前が隠されているんです。**

最初に裏側の下にある「TWENTY」のTとTが重なるように折ります。「WTC」のダブルTです。これをアラブの「AR」にくっつけるように折る。なぜアラブか。その理由は後で分かります。そして最後にこのRが20の枠と重なるように折ります。するとお札の上部にその文字が浮かんできました。**「THE USAMA」**。そう、ウサマ・ビンラディンのことです。彼はサウジアラビア出身のアラブ人。アラブの理由が分かりましたね。なおこの時、うまく折れればお札の幅はちょうど九・一一ミリになっています。

しかし「なぜ二〇ドル紙幣なのか」「たまたま二〇ドル紙幣でできたからこんな話にしてるんだろう」と言う人もいるかもしれ

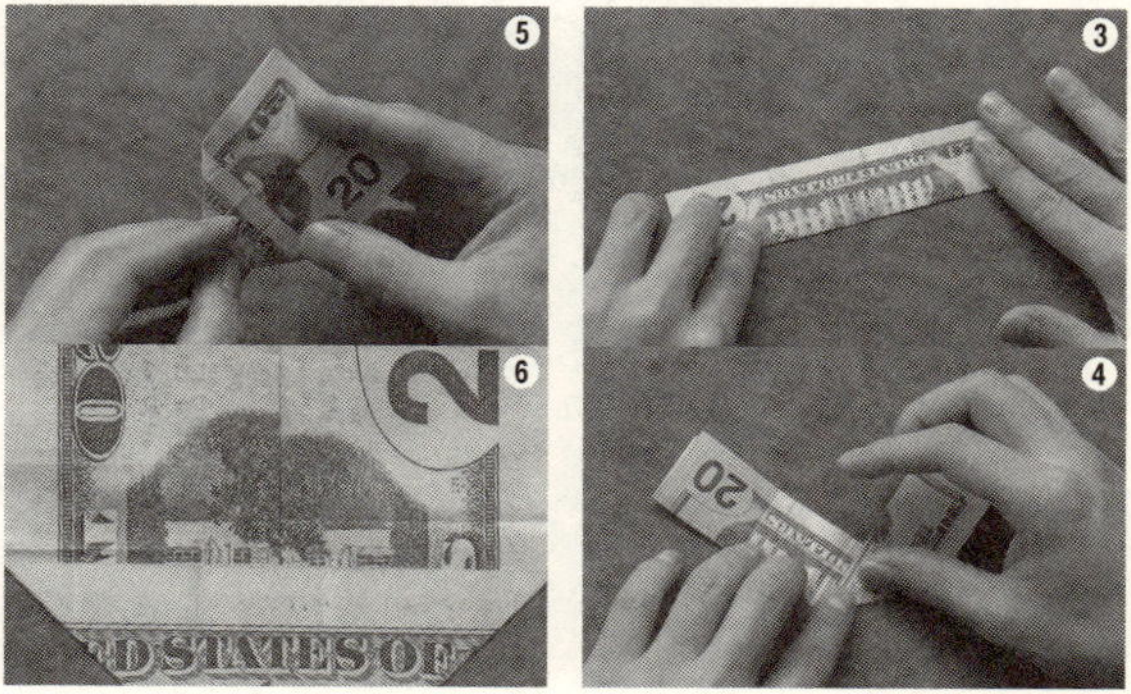

ません。違います。理由はちゃんとあります。九・一一……**九と一一を足したら……**ほら、ね。さらにもう一つだけ言うと、ウサマの下に現れる文字を見てください。見事なまでに「IN GOD WE TRUST」の「G」の文字だけがきれいに真ん中に残ります。左の写真を見てください。フリーメーソンのコンパスと定規のマークの中にも「神」を現す「G」の文字が描かれていますよね。そして、二〇ドル札に描かれている肖像画、第七代大統領アンドリュー・ジャクソンもフリーメーソンのメンバーだという話があります。何か関係があるのでしょうか?

信じるか信じないかは
あなた次第です。

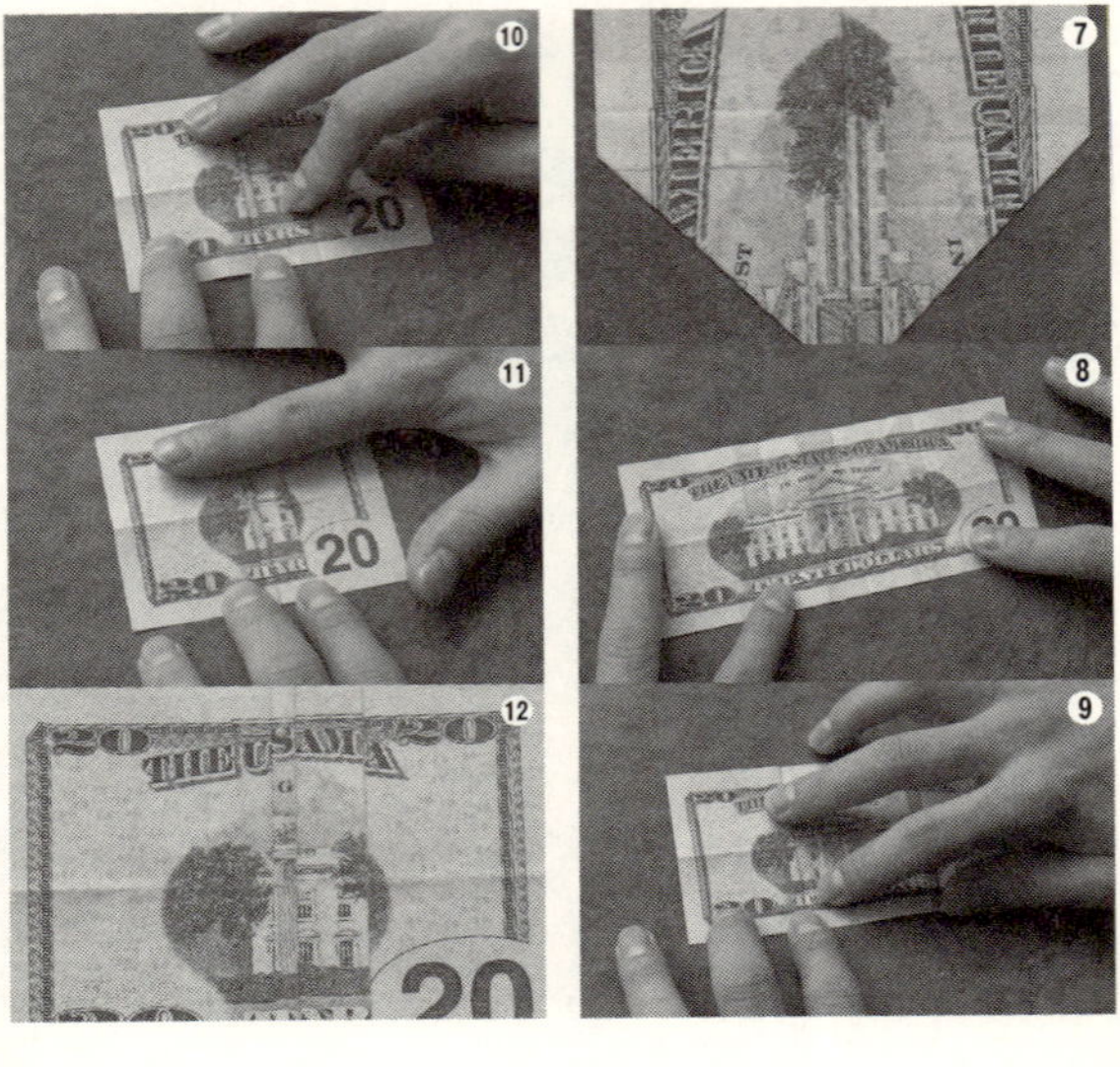

続・お札の秘密

二〇ドル紙幣テロ予告説に続いて、別のお札に隠された秘密についてお話ししましょう。**アメリカと日本のお札に、同じ秘密結社のシンボルマークが刷り込まれている。**そんな妙なお話です。

まず、アメリカの一ドル紙幣に隠された暗号を読み解いていきます。これは都市伝説好きなら知っている人も多い話ですが、なぜかフリーメーソンのマークとされるものが印刷されているんです。裏面の左側、よく見るとピラミッドの頂点辺りに目があります。この「△に目」というのはフリーメーソンのシンボルマークのひとつ**〝万物を見渡す目〟**です。そしてこの、ピラミッドの下段に書かれているMDCCLXXVIという文字、これはローマ数字で一七七六にあたります。一般的には独立宣言をした一七七六年

フリーメーソン
イギリスで発生したとされる世界最大の秘密結社。「自由・平等・博愛」の理念の下、活動している友愛団体。また、世界各国の指導者や芸術家などがメンバーに名を連ねているといわれる。その全貌は秘密結社ゆえに非公開となっており、数々の陰謀論が語られることも多い。

七月のことだと言われていますが、実はフリーメーソンの関連組織ともいわれる**ある組織**が作られた一七七六年五月のことだとか。上下に書かれたラテン語は「我々の計画に同意せよ」「新しい世紀の秩序」という意味です。しかし、アメリカなのになぜピラミッド？　なぜラテン語なんでしょう？　実に気になります。さらに右を見ると、アメリカの象徴である鷲の絵がありますが、これが**「一三」**という数字に囲まれています。頭上には一三個の星、右足に握る枝の葉の枚数は一三枚、左足に握る矢の数は一三本……。独立戦争の時の一三州にちなんでなのでしょうが、クリスチャンの国なのに、キリスト教では不吉とされる数字になぜここまでこだわるのでしょう。しかも頭上の星、実はひとつずつを線で結ぶと六芒星が浮かび上がります。さらに……。左のフリーメーソンのマークと右のアメリカの象徴の間にある「ONE」という文字。これはただ「一ドル」と示しているだけじゃない。**世界統一の「ONE」「フリーメーソンとアメリカは『ひとつ』」**と、分かる人にメッセージを発信しているそうです。そして、なぜ一〇〇

ドル札などではなく、一番低額な一ドル札なのか。それは、**誰でも手に取って目にすることができるお札だから**だと言われています。また、この一ドル札の肖像に描かれている初代大統領ジョージ・ワシントンはフリーメーソンのメンバーとしても有名ですよね。どうでしょう。不思議なことが多すぎますよね。このお札に何者かが何らかの意思を込めたのは間違いないでしょう。

不思議なお札は日本にもあります。ひとつは新渡戸稲造が印刷された**旧五千円札**です。まずこの新渡戸という人、最近でこそ著書「武士道」が脚光を浴びていますが、採用された当時は国民の大半が知らないマイナーな存在でした。実際にはドイツ、アメリカに留学し、国際連盟でも活躍した人物ですが、当時「なぜこの人?」と話題になったものです。実は、**この新渡戸稲造自身もフリーメーソンのメンバー**だったという話なのです。

さあ、その旧五千円札を詳しく見ていきましょう。向かって右、新渡戸の右肩横の「五千円」と書かれた部分をよく見てくださ

1ドル札をデザインしたのは100ドル札の肖像になっているベンジャミン・フランクリン。彼も名高いフリーメーソンのメンバー。

い。この字によって、**日本人にとって大切なマーク**が割られています。しかも割れた二つを組み合わせても決して一つにならない形になっています。さらにその中心（「千」の文字のバック）には、ヤハウェイの目とされているマークまであるのです。そしてその下の世界地図、日本のお札なのに、**なぜか日本が中心にありません。**なぜこんな地図が載っているのか？　実は……この地図を立体的に考えてください。この中心部分の真裏には、世界的に有名なあるモノがあります。そう！　**それはエジプトのピラミッドです。**フリーメーソンのマークを思わせるものが中心にきてますね。

お札を裏返しましょう。富士山の絵があります。しかし湖面に映ったその姿は、富士山とは別の山のよう。上下逆にすると分かりやすいですが、モーゼの十戒で有名なシナイ山にそっくりです。**そしてこの絵はなぜか野口英世の千円札に受け継がれてます。**

さあ、ではその現行千円札です。野口英世の登用にも「なぜ？」という声がありましたが、それはさておき、まず野口の顔を縦に半分に折ってみてください。見比べるとおかしなことに気

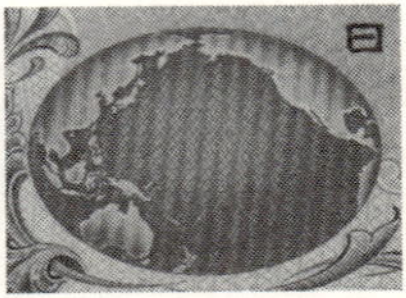

ヤハウェイの目といわれているもの。

づきませんか？　そう、顔の右半分（向かって左）は普通の野口英世の顔なんですが、**左半分は全くの別人なんです。**その顔はまるで外国人。ユダヤ系に見えます。そしてその目、あの一ドル札のピラミッドの目にそっくりです。**驚くのはまだ早い!!**　ここで千円札を裏返して蛍光灯などに透かしてみてください。この目がちょうど富士山の山頂付近にある。**その構図は一ドル札のフリーメーソンのマーク**そのもの……。そしてこの野口英世、フリーメーソンと関係が深いとされるロックフェラー財団の研究所で働いた経歴を持っています。何か関係があるのでしょうか？

　その他にも新渡戸と野口にはいくつかの共通点があります。二人とも海外に留学して海外で知りあった外国人女性と結婚、海外で客死している。しかも二人の結婚相手は、不思議なことに名前が同じメアリーだった——富士山の絵、ピラミッド、二人の共通点……果たして偶然なんでしょうか。

信じるか信じないかはあなた次第です。

ちなみに、今日本で出ている硬貨500円から1円、全部足したらいくら？ 悪魔の数字666円。

関暁夫の都市伝説コラム❶

東京タワー

あくまでもウワサですけれど、お札以外にも、ニューヨークの自由の女神のようなフリーメーソンのランドマークが日本にもあるというのです。それは何か？　誰しもが目にしたことのある建物です。"ピラミッドに目"を思わせる建物……どこにあるかというと、首都東京です。東京のシンボルは？　そう、東京タワーです。東京タワーの構造を思い出してください。まず大展望台があって、さらにその上、先端に近い"ピラミッドの目"にあたるところは、特別展望台ですよね？　この特別展望台は、言わずと知れた「別料金」なんです。東京タワーに行って「なんでまた別料金なんだよ」と思った人は多いと思いますが、実は"目のところ"に入るための料金なんだとか。実際、東京タワーの麓に、フリーメーソンの「日本グランドロッジ」があるのは有名な話。東京タワーが何者かの力によってシンボルにされていてもおかしくないですよね？　東京タワーの建設には、かのダグラス・マッカーサーも深く関与していたといわれていますが、このマッカーサーもフリーメーソンのメンバーとして有名ですよね。ちなみに特別展望台の料金は600円です。

【第二章】この世のミステリー

繁栄し続けること以上に
難しいことが、
この世にあるだろうか？

――ヨハン・ウォルフガング・フォン・ゲーテ

ケネディとリンカーン

アメリカの歴代大統領の中には、在任中に暗殺された人が何人かいます。有名なのはケネディとリンカーンでしょう。そしてこれもまた有名な話ですけれど、この二人、実は不思議なぐらいに一〇〇年周期で一致する点がたくさんあるんです。これは実例を見た方が話が早いですね。さっそく見てみましょう。

アメリカ合衆国
第35代大統領
ジョン・F・ケネディ

アメリカ合衆国
第16代大統領
アブラハム・リンカーン

●リンカーンが下院議員に初当選した年は1846年。1856年に大統領選で副大統領候補となり、大統領になったのは1861年。一方のケネディが下院議員に初当選したのは1946年。1956年に大統領選で副大統領候補となり、大統領になったのは1961年。

●リンカーンの後任大統領アンドリュー・ジョンソンは1808年生まれで、リンカーン暗殺の10年後に死亡、ケネディの後任大統領リンドン・ジョンソンは1908年生まれで、ケネディ暗殺の10年後に死亡。

●リンカーンを暗殺したジョン・ウィルクス・ブースは1839年生まれ、ケネディを暗殺した（とされる）リー・ハーヴェイ・オズワルドは1939年生まれ。（以上は全て100年違いである）

●リンカーンは「奴隷解放宣言」と「南北戦争」（勝利）で有名な大統領。一方、ケネディは黒人の人権問題を扱った「公民権法」（法案提出）と「ベトナム戦争」（軍事介入）で有名な大統領。

●リンカーン大統領、ケネディ大統領の後任のジョンソンはどちらも南部の出身者。
リンカーンもケネディも金曜日に妻の目の前で、銃で頭を撃たれている。

リンカーンが撃たれた場所はフォード劇場、ケネディが撃たれた時に乗っていたのはフォード社製のリンカーン。

●リンカーンの秘書は、暗殺前に大統領に劇場に行かないように忠告し、ケネディの秘書も、暗殺前に大統領にダラスに行かないように忠告していた。

●リンカーン暗殺後、犯人のブースは劇場から逃走し、倉庫で身柄を確保されている。一方、ケネディ暗殺後、オズワルドは倉庫から逃走し、劇場で身柄を確保されている。
ブースもオズワルドも、裁判が行われる前に第三者によって暗殺された。

●リンカーンは暗殺される1週間前にメリーランドのモンローという所にいた。一方のケネディは暗殺される1週間前はマリリン・モンローに会っていた。

●リンカーンは大統領在任中に、第三子のウィリアム（11歳）を亡くしている。一方、ケネディは大統領在任中、パトリックと名づけた子供を生後2日で亡くしている。

●リンカーン大統領の秘書官の1人にケネディという名の人物がいた。ケネディ大統領の秘書官にはリンカーンという名前の人物がいた。

●リンカーン（Lincoln）もケネディ（Kennedy）も、名前の綴りがアルファベット7文字、後任のジョンソン（Andrew Johnson と Lyndon Johnson）は、同名なので、ファーストネームを合わせると、どちらも13文字、さらに2人の暗殺犯ジョン・ウィルクス・ブース（John Wilkes Booth）とリー・ハーヴェイ・オズワルド（Lee Harvey Oswald）はフルネームで人々に知られており、その文字数はどちらも15文字である。

どうですか。議員初当選、大統領就任、そして次の大統領の生まれ年……。リンカーンとケネディの周囲では一〇〇年単位で同じことが起こっていました。**さらに暗殺にまつわる数々の話も奇妙なほど一致しています。**ちなみにリンカーンの後の大統領ジョンソン、ケネディの後の大統領ジョンソン、**二人ともフリーメーソンのメンバーだという話もあります。暗殺に秘密結社は何かしら関与していたのでしょうか？**　偶然と言うにはあまりに共通点が多いのです。ケネディがリンカーンの生まれ変わりだと言われるのは、こうした理由からです。

信じるか信じないかはあなた次第です。

1865年4月14日
ワシントンD.C.フォード劇場にて暗殺。

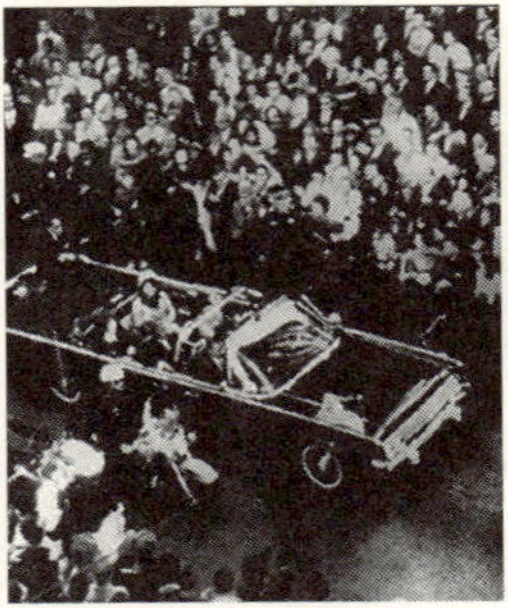

1963年11月22日
テキサス州ダラスにて暗殺。

呪われたケネディ一族

ケネディに関しては、一族が呪われているという話もよく囁かれますね。ジョン・Fの弟・ロバートも、一九六八年に民主党の大統領候補指名選挙のキャンペーン中に暗殺されています。弟だけでなく、ケネディ一族には事故などで死んだ人が非常に多い。ケネディのすぐ下の妹であるローズマリーは、父ジョセフによってロボトミー手術を受けさせられ、廃人同様に。妹のキャサリンは飛行機事故で死亡。ロバートの三男・デビッドは麻薬中毒で死亡、ロバートの四男・マイケルはスキー事故で死亡。

そして最近では、一九九九年にジョン・Fの長男、ジョン・F・ケネディJrが飛行機事故で亡くなりました。この事故に関しては、なんと**マイク・タイソンが予言していた**という、スゴイ話

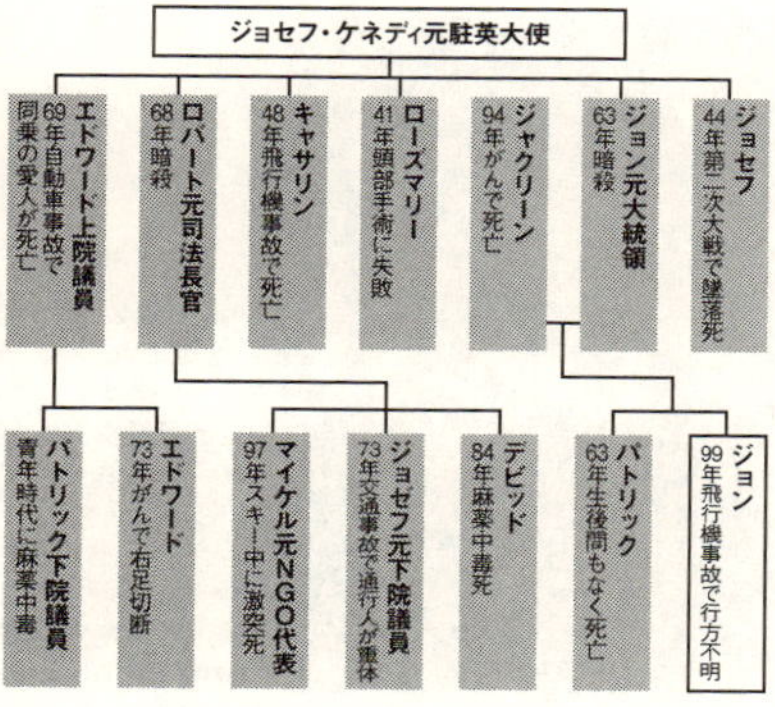

があります。タイソンはJrと会った時、第一声から「お前は絶対飛行機に乗るなよ」と言い出したそうです。「親族がいる時はなおさら飛行機に乗っちゃいけない」と。しかしJrはその後、飛行機に乗り、墜落死してしまいました。そのとき、タイソンは「俺はあいつに言ってやったのに」と言っていたというんですよ。

ケネディ一族といえば、気になるのは**アーノルド・シュワルツェネッガー**です。**奥さんがジョン・F・ケネディの姪に当たる人ですからね。**これ以上、政治に携わっていると暗殺されるかもしれません。移民であるシュワちゃんは大統領になる資格がありませんから、ひょっとしたらターゲットになっていないかもしれませんが、今、**食事に少しずつ毒を盛られている**というまことしやかな情報もあります。ケネディ一族だから暗殺されてもおかしくない状況だって言われているんです。それで、政治に携わっているんだからなおさらですよね。

信じるか信じないかはあなた次第です。

父親の血なのか、浮名を流したジョン・F・ケネディJr（左）も、不可解な死を遂げている。隣は妻のキャロリン・ベセット＝ケネディ。彼女も姉のローレン・ベセットとともに、飛行機事故の犠牲になった。

地下鉄の秘密

「東京の地下鉄には、**軍事用に作られたものがある！**」

これは東京メトロのある線にまつわる都市伝説です。戦争が勃発すれば戦車や兵隊の通り道になるというのです。何線のことか分かりますか？　その線が通る駅をいくつかあげてみましょうか。

和光市、平和台、市ヶ谷、永田町、桜田門、豊洲、新木場

駅名を見ただけで、ピンときた人もいるかもしれませんね。そう、**有楽町線**です。ではなぜ有楽町線が軍事用だと言われるのか。前出の駅にすべて答えが隠されているんです。

まず和光市、平和台、市ヶ谷。ここには自衛隊関連の施設があります。和光市に朝霞駐屯地、平和台に練馬駐屯地、そして市ヶ谷には陸上自衛隊の東部方面総監部がずっと前からあり、その後防衛庁が**六本木から移転してきました。**ここで和光市の地図を見てください。和光市駅から地下鉄の車庫に続く**有楽町線**の線路が向かっている先に、なんと**自衛隊朝霞駐屯地**があります。地図上からも分かる通り、川越街道を挟んで線路と駐屯地は、**ほぼ直結しています。**地下でつながっていてもおかしくないですよね？有事の場合は、ここから隊員の大量輸送を行うのです。もともと鉄道というのは軍事関係と密接なつながりがあり、普段は人の足として使用していても、有事のさいは、隊員や兵器を輸送する**大量輸送網**となるのです。

さて、その朝霞駐屯地、ある人から聞いた話なんですが、確かに川越街道を挟んだ地下鉄の車庫側には、戦車が並んでいるそうです。一般車では塀があるために見ることができませんが、バスなどの車高が高い車でそこを通ると、見えるそうなのです。また、その人によると、朝霞駐屯地には〝**化学兵器研究所**〟というのが既にあるそうです。

そして、朝霞駐屯地の本部があるところを見てください。**強引**

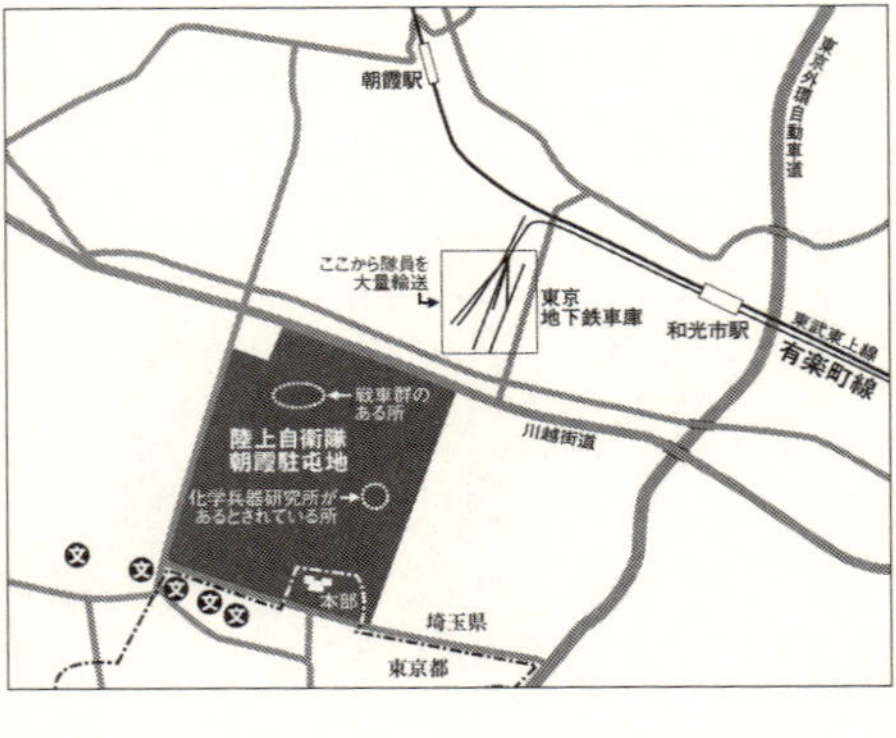

に境界線が引かれ、東京都になっています。これは、本部を東京都の管轄下に置きたいということなのでしょうか？

話を有楽町線に戻します。永田町には言わずと知れた国会議事堂、そして自民党など各政党の本部。桜田門には警視庁、そして皇居。豊洲には海上自衛隊に護衛艦などを納入している石川島播磨重工のドックがかつてありました（平成14年に閉鎖しマンションなど建設）。

新木場には警視庁航空隊が利用するヘリポートがあります。

さらに、あまり知られていない話ですが、桜田門駅には、千代田線・霞ケ関への引き込み線があります。これで霞が関の官僚とも地下でつながることが可能。また引き込み線はもうひとつ、市ケ谷駅に南北線へつながるものもあります。

どうでしょう。これだけ有事に関わる施設を結ぶ路線、他に聞いたことありますか。**何かの意図を持って建設した**としか考えられないですね。

さらに非常に深い位置にあることから、永田町駅や国会議事

市ケ谷に到着。

堂駅は核シェルターの入り口だとも言われており、防衛庁がある市ヶ谷駅についても、ホームが広いのは隊員を大量に運ぶため、階段が広いのは戦車を通すためだという説もあります。

そしてさっき軽くふれた市ヶ谷駅の南北線への引き込み線。実はこれも重要な役割を担っているんです。表向きこの線は綾瀬や新木場の車両工場に南北線の車両を送るためにあるということになっていますが、**実は王子神谷駅の近くにある王子検車区の地下には巨大シェルター**があるというんです。つまり、重要拠点とシェルターをつないでいるということです。

有事に備えたものは地下鉄有楽町線だけじゃありません。**地上にもしっかりとあります。**一説には皇居を守るためとも言われていますが、東京をぐるりと取り巻く環七も、内側が広いのは戦車が走るためだとか。その外には環八があり、そしてさらなる外壁として存在しているのが**国道一六号線**です。一六号線は遠くから見ると円を描いているように見えますが、実際は直線が多い道路なんですね。なぜ直線が多いかといえば、飛行機の離発着ができ

市ヶ谷駅の線路の壁の向こうには**秘密のトンネル**があって、ズラリと戦車が並んでいるのだとか……実際見てみると、壁の裏にはなにやら奥へと続く謎の通路が（左）。裏から車庫のようなものも覗いている（右）。

るようにです。

そしてこの道路もいくつもの重要拠点を結んでいます。神奈川県から、東京都、埼玉県、そして千葉県にまたがり、この間、横浜市、さいたま市、千葉市といった県庁所在地を通る。同時にこの間、**計九つの軍事基地**を経由しているんです。

まあ、考えてみてください。国が何も考えずに重要拠点の周囲を開発しているとすれば、その方が問題かもしれません。この六〇年間、たまたま日本は戦争に巻き込まれずにすみましたが、いつ何が起こるかわからないのも事実。その時に何の用意もなければ、僕らはやられるままに野垂れ死にするしかありません。むしろ、こうやって有事に備えてくれている方が安心できます。もちろん、政治家や官僚だけが助かるというのなら問題外ですが。

信じるか信じないかはあなた次第です。

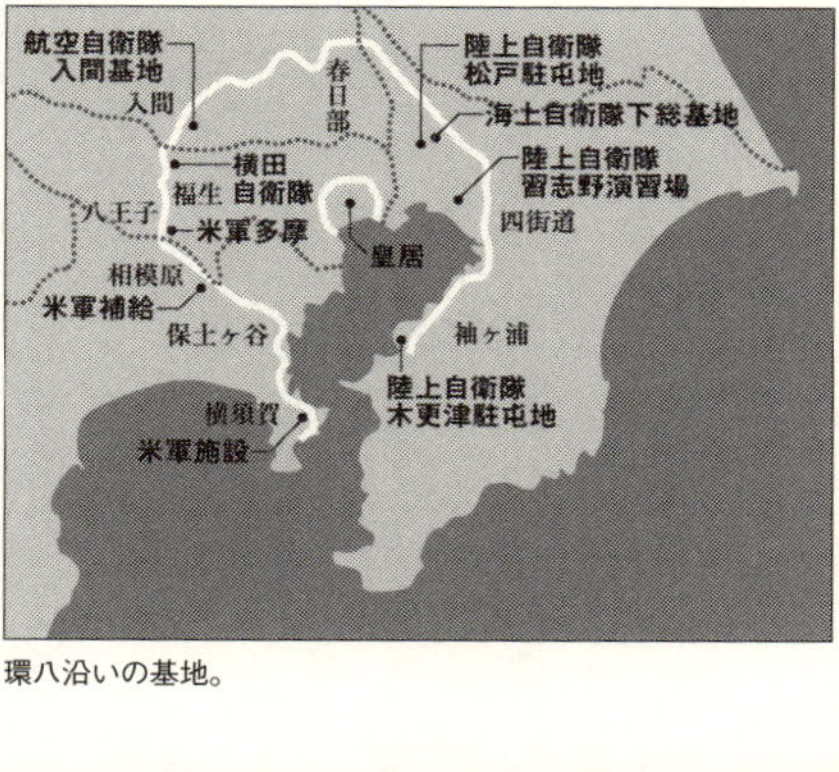

環八沿いの基地。

地下鉄の秘密2

丸ノ内線の荻窪より先、大江戸線の光が丘より先にはなぜ地下鉄がないのでしょうか？　東京二三区ではないから？　そうではありません。実は、**荻窪より先、吉祥寺近辺には、不発弾が山のように埋まっていて、地下を掘り続けることができない**からという話があるのです。

西東京市には、柳沢という場所があります。そこには昔、**中島飛行場**という飛行場があり、第二次世界大戦時に空爆を受けています。そしてそのすぐ北にも、**かつて日本軍の軍事施設**があって、ここも多大な空爆を受けているのです。

さて、この日本軍の軍事施設があった場所には、今なにがあるのか。**そこは「ひばりが丘団地」という団地になっている**のです。しかもこの団地の地図をよく見てください。**市割りが実に変なのです。**

普通は道路や建物に沿って市割りをするものですよね。ところがこの「ひばりが丘団地」、**明らかに市と市が不発弾の処理を巡って押し合いをした形跡があり、その結果として、昔、軍事施設があった所、現ひばりが丘団地がきれいに半分に割られています。**だから、住所もひとつの団地なのに「西東京市ひばりが丘三丁目」と「東久留米市ひばりが丘団地」に分かれています。

これが、地下鉄が東京の西に延びていかないひとつの理由なんだそうです。

信じるか信じないかはあなた次第です。

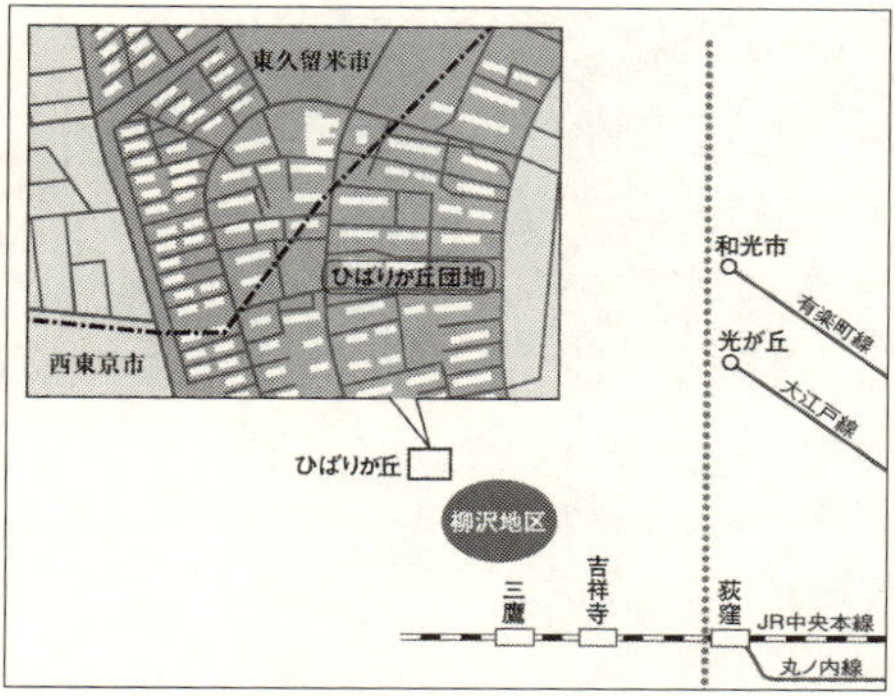

電車の自動券売機の謎

さあ、ここでみなさんも巻き込まれているある秘密を教えましょう。実はみなさん、**知らず知らずのうちに、自分の指紋を採られているということをご存知でしょうか？**　正確にいうと、日常的に指名手配犯の指紋とマッチするか照合されているというのです。それは某鉄道会社の券売機のタッチパネルに仕組まれています。近年、犯罪も増加の一途を辿り、指名手配犯を捜す決定打として、指紋を採って照合しているというのです。

仕組みはこうです。券売機の中には、**あらかじめ指名手配犯の指紋が登録されています。**逃走する犯人が、電車の切符を買った瞬間に、登録されていた指紋と照合されて、内蔵されたカメラでその人相を撮られ、事務室を通じて警察に通報されるのです。

タッチパネルで切符を買う時、確かに押しているのに反応しなかった経験はありませんか？　それが指紋と同時に人相も撮られている証拠です。**一度押して反応しない時は、自分の容姿をチェックしてみてください。**深く帽子を被《かぶ》っていたり、マスクをかけて顔が見にくいとか、何か人相を判別しづらい要因はありませんか？　また手袋をしていたり、指先の爪だけで押しても反応しづらいですよね？　任天堂ＤＳを持っている方はやってみてほしいんですが、ＤＳのタッチパネルは爪の先でも反応します。駅の券売機なら、混雑時を考えれば、ＤＳ以上に反応が良くてもおかしくはないはずです。また、ただでさえ赤字を抱えている某鉄道会社が、一斉にタッチパネル式券売機に替えた。その予算はいったいどこから出てきたのでしょうか？　裏になにかしらの組織の力が働いていたとしてもおかしくないですよね？　でも、こうして指名手配犯を検挙しているのなら、文句も言えないですけれど。

　タッチパネルとカメラといえば、最近では銀行のＡＴＭでも同様の〝秘密捜査網〟が展開されているそうです。

さて、実はこうした犯人捜しは、券売機やATMだけではありません。近年、原油価格の高騰で、人件費の削減からか、**セルフサービスのガソリンスタンド**が増えていますが、実はあれもそうなのです。といっても全国ではなく、**一部の地域のセルフ**でですが。

逃走犯や指名手配犯は、人目につくようなところは極力避けますから、自然とセルフのガソリンスタンドに行くんです。さあ、ここで**人間心理が働くのです。**普通は、運転手がガソリンを入れに行きますよね。たとえ助手席に人がいても、**その人が行ったら不自然です。**つまり、セルフのガソリンスタンドでは、その車に何人乗っていようが、運転席の人は降ります。この時、運転手が残っている場合、**運転手が外に出られない何かしらの訳がある。おかしいと判断**されて、カメラが〝ネズミ捕り〟の要領で自動的にその運転手の顔を撮るようになっているのです。また、ここでも駅の券売機と同様、ガソリンの指定はタッチパネルです。ご丁寧に隣に「静電気除去」のパネルがあって、触らせるようにまでなっていたりしますよね。

まあ、ガソリンスタンドのパネルまでは分かりませんが、電車で逃げようが車で逃げようが、追い詰められていくようになっている世の中なのです。

気軽に書いていますが、実はこれってトップシークレットの情報なんですよ。もし逃走犯がこの話を聞いたとしましょう。その瞬間から、その逃走犯は、駅の券売機やセルフのガソリンスタンドを避けるはずです。そうなると、わざわざこれらの装置を配置した意味がなくなってしまいます。決して世に出てはいけない情報なんですけれどね。

信じるか信じないかはあなた次第です。

徳川埋蔵金

徳川家康

ここでは**徳川幕府の埋蔵金**についてお話ししましょう。

昔から徳川埋蔵金は三箇所に分けて埋められたといわれています。しかし、そのうち二箇所はいわゆるダミー、本当に埋められているのは一箇所だけです。みなさんがまず思い浮かべるのは、群馬県の赤城山でしょうね。かつてテレビ番組の企画で、糸井重里さんが中心になってプロジェクトチームを組み、重機を使って大掛かりな発掘調査をしていた。その模様が何度も放送されていたから、見た方も多いのでは。それに実際に金の家康像が出たとされ、入り組む縦、横穴も見つかった。しかしあれだけ掘り返したにもかかわらず、結局何も出ずじまい。なぜか。**赤城山はダミー**

のひとつに過ぎないからです。家康の金の像は、そこを掘り続けさせるための罠だったんですよ。

ではどこにあるのか。その場所はある歌に隠された暗号から解読できるんです。その歌とは……**童謡の「かごめかごめ」です。**謎が多いあの歌詞に隠されたモノを、これから解き明かしていきましょう。

まず**「かごめ」**とは「籠目」、つまり竹などで編んだ籠の目のことで、ひとつひとつの目は**六芒星**のような形をしています。これが示すものは何か。実は徳川が関東で建てた神社仏閣などを線で結ぶと、**この六芒星が浮かび上がるんです。**その中心にあるのは、あの**「日光東照宮」**です。つまり**「籠の中の鳥（居）」**とは日光東照宮を指しているんです。

歌は**「夜明けの晩に鶴と亀がすべった」**と続きます。日光東照宮の中には、本当に鶴と亀の像があります。この像に「夜明けの晩」、すなわち朝の光が当たってできた影のことを表しています。そし

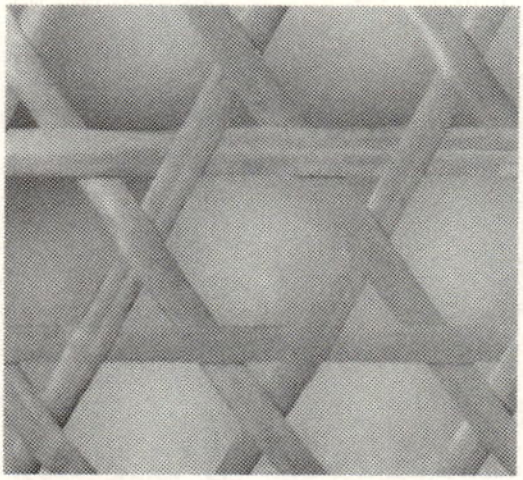

籠目の六芒星。

て「すべった」は「統《す》べる」、つまり埋蔵金の統一を表し、影の示す方向に有名な「見ざる言わざる聞かざる」の木彫りの彫刻があります。その三猿の見ている方向に、これもまた有名な眠り猫の門があり、その先の階段を上っていくと、徳川家のある人のお墓があります。そして歌詞はこう続くのです。**「後ろの正面だあれ」**。その墓の「後ろ」には**祠《ほこら》があり、**そこに籠目（六芒星）の**上が欠けたマーク（✡）が刻まれているんです。**その形はまるで下を指しているよう。そう、そこです。そこが**徳川埋蔵金の本当の在《あ》り処《か》**だと言われているんです。

実際、地質学上の調査でも、九九・九％の確率で土や石ではない何かがその場所に埋まっている反応が出ているそうです。しかし、掘ることができない。なぜか……**そこが国宝のある場所だからです。**表向きの理由は、〇・一％でも違う可能性が残っているなら、国宝であり世界遺産である土地に手を加えるわけにはいかないから。しかしもっと**深い理由は、**歴史が変わるものが出てくる可能性があるからです。例えば、家系図に今まで語られてい

見ざる言わざる聞かざるの彫刻。

ない事実が出てきたら。その時代に日本にないとされていたものが出てきたら、これは日本だけではなく、世界中で歴史を書き替えなくてはいけない事態になる。もっと身近なことで説明すると、子供が教科書なんて信用しなくなって、社会や歴史なんて勉強しなくなるでしょうね。今までず～っと間違えたことを堂々と教えてきたワケだから。それに入試で落ちた人はどうなるんだ、って話も出てきちゃう。**だから知らなくていい歴史、出さなくていい歴史は出さない**、ということです。

しかし、また別の謎が残った。ろくにメディアもない時代に、「かごめかごめ」がどうして日本全国に広まったのか。その鍵を握るのは「松尾芭蕉」だと言われています。あの芭蕉は、実は○○だった……。次はそんなお話をしましょう。

信じるか信じないかはあなた次第です。

日光東照宮陽明門

松尾芭蕉の秘密

誰でも聞いたことがある**「かごめかごめ」**という童謡。新聞やテレビなどのメディアもなく、**関所で人の行き来が制限されていた時代に、どうして日本全国に広まったのでしょう。**不思議に思いませんか？　その鍵を握るのは**「松尾芭蕉」**。その芭蕉の正体についてのお話です。

その前にひとつ。天下を取る人間は、初めての何かを成し遂げると言われます。では**徳川家康が世界で初めて作ったモノ**って、何かわかりますか？　それは**「特殊部隊」**です。今ではアメリカのSWATなどが世界で有名ですが、初めて作ったのは徳川家康です。では、徳川家康が作った特殊部隊とは何か。それは**「忍者」**

松尾芭蕉

＝**「暗殺部隊」**なんです。徳川家康は忍者の養成機関を作り上げたんです。その長を務めたのが、皆さんご存知の**服部半蔵**。その**功績を称え、服部半蔵に与えられた土地の名が今も残ってます。**皇居、つまりかつての江戸城のすぐ近くにある「半蔵門」という駅。東京メトロの路線名にも「半蔵門線」として残っています。余談ですが、歴史上「服部半蔵」と名乗った人物が複数いたことも付け加えておきましょう。

さて、大きな功績を残した半蔵に、徳川家から褒美が与えられることになりました。その時に半蔵が求めたのが、**「私を自由にしてほしい」**ということだったのです。願いが叶って自由になった半蔵は、日本中を旅します。この時使った偽名が……そう、**「松尾芭蕉」**なんです。

考えてみてください。**当時は現在のように自由に旅はできませんでした。**関所を越えて違う地方に行くことは、我々が外国に行くようなもの。その時代に芭蕉は、**有名な「奥の細道」の旅程以**

外にも、ずいぶんいろいろな場所に足跡を残しています。あそこまで好きなように行き来できたのは、**権力のお墨付き**があったからこそとしか考えられません。

また、当時の道は今のように整備されてはいません。山越えなんてさらに大変なことです。しかし「奥の細道」の記述に従えば、芭蕉は一日に数十キロ単位で移動していました。芭蕉は当時としては決して若くない四六歳でした。そんな年齢の人間が徒歩で数十キロ移動するなんて、これはどう考えても特殊な訓練を受けた**「忍」じゃないと無理**です。実は芭蕉の出身地は、「伊賀上野」です。そう、あの忍者で有名な。芭蕉という人物は知れば知るほど深いんですよ。

芭蕉は、ただ俳句を作るためだけに「奥の細道」の旅に出たわけじゃなかったんです。旅をしながら**「かごめかごめ」**の歌を全国に広めていったのです。その理由は、もしかしたら徳川の意を受けてかもしれません。埋蔵金、すなわち財力があることを各地

服部半蔵のものと伝えられている墓。

の大名に示し、反乱してもムダだと思わせるため。または全く逆に、各地にヒントをバラまくことで、幕府に何らかの圧力をかける意図があったのか……。いずれにしろ「かごめかごめ」という歌は、ただの童謡ではないようです。

芭蕉と半蔵の家系図がつながっていないと指摘する人もいるでしょうが、人の手で書かれたものは、都合のいいように書き換えることが可能です。いつの間にか何かが入れ替わった可能性は誰にも否定できません。あのキリスト教の「聖書」も、権力者によって都合のいい部分が残され、今に伝わっているのです。我々が習ってきた歴史だって、どこかの時点の権力者が都合よく編纂《へんさん》したものかもしれない。この芭蕉と半蔵のお話を語る僕にだって、何かの意図があるかもしれない……。どんな意図かって？　それはいつか明らかになる時が来るかもしれませんね。

信じるか信じないかはあなた次第です。

地震兵器

こうやっていろんなところで都市伝説を語っているからでしょうか。**「近いうちに関東大震災が本当に起こるんですか？」と、聞かれる**ことがよくあります。さすがに僕は専門家でも予言者でもないから、「ある」とか「ない」とか、そんなことは言えません。ただ地震に関して、**ある恐ろしい企てが隠されている**という話が……。ここではそんなことを指摘しておきましょう。

近年あった大地震の中に、**自然以外の力**で起こったものがあるというんです。地震は自然災害

阪神・淡路大震災

と考えるのが当たり前ですが、自然以外の力……**つまり人為的に起こされた地震**があると。実は過去に旧ソ連が**「地震兵器」**を開発していました。そしてソ連崩壊とともに、その地震兵器の研究資料がどうなったのか分からなくなってしまった。まず、この事実を知っておいてください。

地震兵器がどんなものなのか。それは、地中で核を爆発させているという説と、**核以上の威力をもつ新兵器を使用しているという説があります。**この地震兵器に関しては、あるカルト宗教も調べを進めていたとか。発明したとされるニコラ・テスラ（一八五六―一九四三）を執拗に調べ、ベオグラードにある「テスラ博物館」まで行って、非公開資料の閲覧を求めていたそうです。このニコラ・テスラという人、エジソンのライバルとまで呼ばれた大科学者でしたが、マッドサイエンティストとしての一面もあり、**死後に正体不明の連中が現れ、資料を全て持っていった**という都市伝説もあります。

ニコラ・テスラ

　ここで、なぜ地震兵器を使うのかお教えしましょう。核保有国同士、国の裏の組織同士、ひいては**世界の裏の組織同士で**、その国や組織がどれだけ凄い兵器を持っているのかを誇示するために、**国を関係なく無差別使用**するのです。**そして裏の組織同士で日時を通達しあい**（具体的な証拠の日時は後述）、**大地震を起こすのです!!**　ではなぜ地震を起こすのか？　一説には、**世界人口調整**という話もありますが、こうして地震を起こすことによって、各国が被災地に支援軍を派遣することができます。それによって、その国の政府も**国民に対して税金から軍事予算を割く口実**ができるのです。

　また、軍以外で、なにが被災地に集まるのか？　それは**莫大な支援金**です。ここでみなさん、ひとつ疑問に感じませんか？　日本でも〝24時間テレビ〟などでチャリティー募金をやれば、一日で数億円は集まりますよね。これを世界規模で考えてください。毎日、世界中でこの手の支援募金活動を一体何十年やっていると思いますか？　チャリティーイベントのように一日数億円とはい

高電圧・高周波の交流による実験（通常「テスラ・スタイル」と呼ばれている）。「テスラは、交流放電を利用して、地震発生装置の開発にも着手していた。

わないまでも、相当の集金力だと思いませんか？　それなのに、いまだに支援金が不足しているとか、世界中の医療設備が整わないのはおかしいと思いませんか？　果たして、集まったお金はどこに流れているのでしょうか？　さすがに、僕がそのお金の行き着く先をここで公表することは控えさせていただきますが……。

ところで、世界共通の文字って知っていますか？　**それは数字です。** 地震のマグニチュードは数字で表しますよね。裏組織の人たちはその数字を見て、その国の軍事力を認識するのです。ウソのような話かもしれないですけれど、**これが現実なんです!!**

分かりやすい例を挙げます。北朝鮮の核実験報道があった時、実は実験そのものが失敗した、もしくはそもそもなかったという話が浮上したことを覚えているでしょうか？　その理由も、マグニチュード4程度しか観測しなかったからだという話ですよね。まぁ、核実験とは違うのですが、地震兵器の場合、成功すればマグニチュード6以上の数値は観測されるといいます。

阪神・淡路大震災で崩壊した三宮駅前の飲食店街。

では最近起きた地震が人為的なものかどうか見てみましょう。スマトラ沖地震（二〇〇四年一二月二六日）は人為的な地震ではないですね。なぜか。ここには他の地震に共通する**特有のサインが出ていないからです。**

では「地震兵器」が使われた疑惑がある地震はどれなのか、そしてサインとは何なのか。

人為的だと見られる地震は、

サンフランシスコ大震災　一九八九年一〇月一七日　M6.9
ロサンゼルス大震災　一九九四年一月一七日　M6.7
阪神・淡路大震災　一九九五年一月一七日　M7.2
パキスタン大震災　二〇〇五年一〇月八日　M6.7

です。何かに気づきませんか？　あるキーワードが見えますね。月と日の数字を足したり、組み替えたりすると**「18」**という数字

サンフランシスコ大震災	1+0+17=18
ロサンゼルス大震災	1+17=18
阪神・淡路大震災	1+17=18
パキスタン大震災	10+8=18

が出てきます。これはいわゆる数字のアナグラムになっているんです。

さて問題はこの「18」という数字。**悪魔の数字「666」を足したらいくつになりますか？**　そういうことです。

ついでに言っておくと、今のブッシュ大統領の父・ブッシュが湾岸戦争を始めたのも一月一七日です。これも「18」です。

ひとつ思い出してもらいたいのは、パキスタン大震災の頃のアメリカです。当時ちょうど**ハリケーンの自然災害が起きていた。**その時に、アメリカ政府はあまり援助物資を出さなかった。実は治安が悪い地域だったから、一種の**〝浄化作戦〟**を行っていたという話もありました。それでブッシュ大統領はすごく叩かれたんですね。並行して戦争をやっている中、これ以上国民に反感を持たれるとマズイということで、パキスタンに大地震を起こしたといわれています。そのことでメディアや国民の目をハリケーンから**パキスタンに向けるため**です。実際、ブッシュはこの危機を乗り越えました。

阪神・淡路大震災は、初の社会党内閣だった村山内閣を潰すためにアメリカが仕掛けたのかもしれません。アメリカにとって旧ソ連に近い社会党政権を歓迎できるわけがないですから。実際、村山内閣は震災時にいくつもの間違った対応をして、その後崩壊。社会党も「社民党」と名を変えて残っていますが、風前の灯《ともしび》状態です。またこの時に救助活動で活躍したことで、それまで影の存在でしかなかった**自衛隊が市民権を得て**、アメリカの作戦に堂々と協力するようにもなりました。これは偶然だったのでしょうか。それとも誰かが描いたストーリーだったのでしょうか。

実際、震源地である明石市沖には、いわゆる瀬戸大橋があります。そう、ちょうど震源のあたりは本四架橋工事が行われていた現場だったのです。そしてその工事には、なんと**アメリカ**のある企業も参加していたらしいのです。**ひたすら海底に穴を掘り続け**

ていた企業があったという情報もあり、もしこの企業が地震兵器を仕掛けていたのだとしたら……阪神・淡路大震災への関与もあり得ない話ではないですよね。

ちなみに、なぜ兵庫県だったのか。被災地区でもある兵庫県川西市の**郵便番号は666番**。果たして偶然なんでしょうか？

僕が言えるのは、地震をうまく避けたければ、足して18になる日と地域に気をつける、そこまでです。

信じるか信じないかはあなた次第です。

東京にかけられた呪術

世界でも有数の大都市である東京。日本の首都であり、経済活動の中心地でもあります。

これを読んでいる人の中にも、東京に住んでいる、あるいは行ったことがあるという人はたくさんいるでしょう。

しかしみなさんが知っているのは、**東京の表の顔にしか過ぎません。**この街には、とてつもない呪術的な仕掛けが施されているのです。

その仕掛けは、大胆にも、誰でもひと目でわかる形になっています。近くにある東京の地図を広げてみてください。そして山手線を見てみてください。東京の中心地を取り囲むように楕円に近い円を描いています。

山手線が環状運転を始めたのは戦前の一九二五年のことでした。すでにこの時代に、山手線はある目的をもって作られたのです。

それは**「東京に〝鉄の結界〟を張ること」**でした。

「鉄の結界」とはどういうことか。建設中は第一次世界大戦（一九一四～一九一八年）真っ只中。その前には日露戦争があり、日本人にとって戦争は今よりもずっとリアルなものでした。

そうした時代だからこそ、東京の中心部を守る城壁が必要だったのです。

それは単に建造物として物理的に敵の行く手を阻むというだけではなく、**「悪い気」から皇居を守る**という役割もありました。

つまり、風水などの知恵を使って結界を張り、悪い気、そして敵を近づけないように、呪術的な処理をしたのです。

江戸時代には天海僧正が江戸に風水的な仕掛けをいくつも施していたことはすでに語られていますが、明治、大正の政治家は、それを**「鉄道」**という現代的な文明を利用して成し遂げたのです。

東京の鉄道に仕掛けられた呪術はそれだけではありません。もう一度地図を見てください。山手線と交わる中央線を見て、何か感じませんか。

新宿の手前までは一直線に進んでくる中央線が、新宿から東京駅までは下へ上へと蛇行している。そして山手線と一緒にあるサインを作っているのです。分かりましたか？

そう、これは陰陽説における**太極図そのもの**です。

太極図の「陽」中の陰に当たる場所にあるのが皇居、たしかに僕ら一般人が気軽には入れない場所ですよね。

そして**「陰」中の陽に当たる部分にあるのは新宿・歌舞伎町**です。

驚いたことに、この仕掛けができてから何十年も経《た》った今も、皇居と歌舞伎町のこの関係は変わりません。いや、むしろより対極的な存在になっています。

そして、陽の方にあるのはいわゆる「山の手」と呼ばれる地域であり、陰の方は主に「下町」と呼ばれる地域になっています。これは偶然なのでしょうか。

まさか当時の政治家や官僚がそこまで考えていたなんて思いたくはないですが……。

また、**中央線には高尾山からの気を東京の中心に運ぶ**という役割があります。

成田線と総武本線は成田山の気を、そして少し前に開通した、**つくばエクスプレスが新たに筑波山の気**を東京に運ぶようになりました。

最近、東京の景気が良くなっていることと、秋葉原が盛り上がったことは、つくばエクスプレスの開通と無関係ではないでしょう。

みなさんにとっては通勤、通学、旅行するための足に過ぎないかもしれませんが、そんな日常生活に溶け込んだものが、呪術的仕掛けそのものになっていたのです。

信じるか信じないかはあなた次第です。

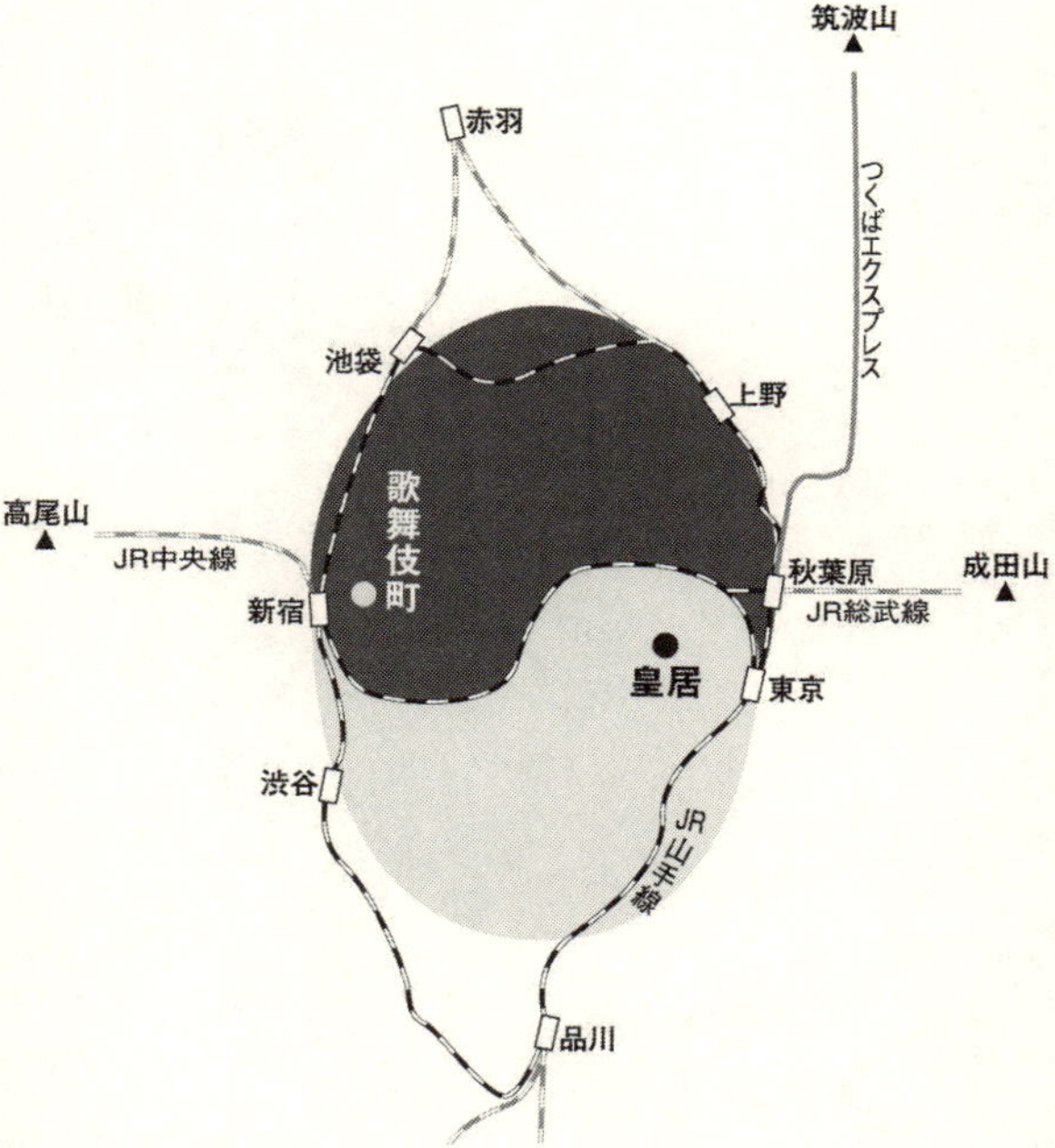
筑波山
赤羽
つくばエクスプレス
池袋
上野
歌舞伎町
高尾山
JR中央線
秋葉原
成田山
新宿
JR総武線
皇居
東京
渋谷
JR山手線
品川

関暁夫の都市伝説コラム❷

さっちゃん

みなさん、『さっちゃん』の歌には四番があるというのを知っているでしょうか？ それはこんな歌詞だといいます。「♪さっちゃんはね 電車で足を なくしたよ だからオマエの足をもらいに 行くんだよ 今夜だよ さっちゃん」なんともイヤな歌詞ですね。しかもこれを聞いたら３時間以内に５人の人に話すか、メールを送らないと、ただではすまないという、とんでもないオプションつきです。ただ、これを読んでいるみなさんは安心してください。このような話を聞いても、メールが来ても大丈夫です。なぜなら、女子中高生が言うには、この『さっちゃん』の歌には、供養の歌である五番が存在するというからです。その歌詞というのはこちらです。「♪さっちゃんはね 天国に行けるよ 本当だよ だからみんなの幸せ遠くから 祈ってね ありがとね さっちゃん」……これを誰に届けるというのではなく、自分にメールすればいいのです。でもどうやって？ まずこの歌詞を本文に入力したら、誰でもいいので、送信先に人のアドレスを入力し、＠マーク以下を削除して、代わりにne6.jpと入れて送信してください。そうするとさっちゃんからギャル文字としてメールが返信されるそうです。そう、さっちゃんは天国でギャルになっているそうなのです。ちなみにne3.jpとか、数字の部分を変えてみても何かが起こるかもしれませんよ。

【第三章】有名人の謎

世の人は　われをなんとも　いはばいへ
わがなすことは　われのみぞしる

――坂本龍馬

マイケルの金玉

みなさん、マイケル・ジャクソンの金玉が見られるとしたら、一度は見たくないですか？　そんな人なら必見です！　是非見てください。レンタルビデオ店にも置いているマイケルの『ONES』というプロモーションビデオ集収録『You are not Alone』の一分三秒一五～一六の箇所に、裸にタオル一枚で寝そべるマイケルを足からナメて撮ったシーンがあるんですが、ちらっとマイケルの金玉が映ってるんです。是非みなさんで見てみてください。

しかし！　**実はそこに映っているのは金玉ではない**

のです。

なぜならばマイケル・ジャクソンには金玉がないからです。マイケル・ジャクソンは、ジャクソン5からひとりで歌うようになったときに、**声変わりを気にして金玉を取ってるんですよね。**それで声をワンオクターブあげると。オカマでもそうじゃないですか、金玉を取ると声が高くなるって言いますよね。マイケル・ジャクソンは音域を上げるために世界的なポップ・シンガーとして初めてそれをやった人なんです。

本人は「白くなる病気」と言っていたが……。

最近のマイケルの行動はおかしいです本当に。

実は金玉を取ったことで、自分の子孫を残せないことの裏返しかもしれませんが、子供に対する愛情が裏目に出てる。反動からネバーランドなんかも作りました。

さて、気になるその取ったマイケルの金玉の行方です。**二つ説**

『ONES』のDVDジャケット。

があります。ひとつの説は、数年間マイケル自身が所有していたらしいのですが、闇のオークションというものがあり、そこに自分の金玉を提供したところ、**金玉二つで一三億の値がついた**というもの。もうひとつの説は、保管していた金玉を、なんと**バブルス君が食べてしまい**、怒ったマイケルがバブルス君を手放したというものです。どちらの説を信じるかはあなた次第。

信じるか信じないかはあなた次第です。

金玉を食べた疑いを持たれているバブルス君。

占い師の占い師

テレビによく出ている有名な占い師がいますよね。本も売れている人。その人が占い師としてテレビに出始めた頃、その占い師自身、**当時八歳の盲目の少年が占っている**……という話があったんですね。その占い師は数年前から「テレビに出たい」と言っていたんですが、少年に「まだ出るべきじゃない。待ちなさい」と止められていたらしいんです。**テレビに出るタイミングさえも占ってもらっていたん**です。その少年は特殊な能力の持ち主で、誰しもがあがめる存在なのだそうです。

この少年は、占い業界ではとても有名で、この少年の元には、全国の名のある占い師たちが集まってご託宣をもらっていたらしいんです。なぜこの少年が表舞台に姿を現さないかといえば、存

在を消されていたのか、学校にも通っていなかった。戸籍上は、**この世にいないことになっている少年**のようなのです。

余談ですが、みなさんにある情報をお教えしましょう。この人もまた世には出ない人なんですが、**テレビに出ている占い師よりも的確に当てるというので有名になった霊能力者の主婦が大分県にいるそうです。**その人の自宅に電話をすると、なんと電話口だけで占ってくれるそうです。お金は基本的に請求しないんですが、占ってくれてよかったと思ったら、寄付として一件一万円を後日振り込むことになっているらしいのです。業界では有名なこの占い師、ここで電話番号も教えたいところなのですが、個人情報なのでできません。興味のある人は、業界人の知り合いを作って番号をゲットしてみてください。

街にいる占い師にも、占ってもらう占い師さんが必ずいるんですよ。集まって講習を受けるような場所もあるそうだし……。同じ街でやっている人どうしで連携も取っているそうで、一人占い師がいると、近くに必ずもう一人、ペアになる占い師がいるそうです。そういう目で見ると、占い師が並ぶ繁華街を歩くのも楽しくなりますよね。

信じるか信じないかはあなた次第です。

ウォルト・ディズニーは生きている!?

日本人なら誰でも知っている人に関する話です。あの超人気遊園地の創業者、ウォルト・ディズニーは生きていると言われたら信じますか？　いや、正確に言えば、**生き返る日を待っているんです。**ウォルトは実際、一九六六年にウイルス性の病気にかかって亡くなり、身内だけで葬儀をしたそうですが、実はその時遺体はなかった……。なぜか。その時点では、**ウォルトはまだ生きていたんです。**彼は、医者から死の宣告を受けて、死に対する恐怖を抱きました。それ以降、友人の葬式にも一切参列することはなかったそうです。そして、**彼は亡くなる前に身体を冷凍保存させ、秘密の場所に運ばせたのです。**

確かに冷凍保存の技術ができたのもこの時代なのです。世界的に、冷凍保存第一号として、アメリカの心理学者が入っていると言われていますが、ウォルトもこの時期に入っていてもおかしくないですよね。

ウォルトは身内だけを集めて生前葬を行い、その様子を見ていたそうです。なぜ生前葬を行ったのか。ウォルトが大好きな「トム・ソーヤの冒険」の中に、**トムが自分の葬式を屋根から見る話があります**。トム・ソーヤが大好きなウォルト自身も、自分の葬儀が見たくなったのではないでしょうか。

考えれば不思議じゃないですか？　あれだけの世界的な有名人でありながら、葬式を見たという人もいなければ、その映像すらない。さらに、ウォルトのお墓がどこにあるかって話、誰か聞いたことありますか？　熱心なファンも多いのだから、毎年、命日に世界中のファンがお墓参りに訪れる、なんてことがあっても良さそうですよね。でもそんな話、聞いたことないでしょ。

ウォルトの病気は、当時の医療では治せないものでした。冷凍保存されたのは、医療が進歩し、完治できる日が来るのを待つためです。そして今、その病気は治せるようになったけれど、まだ復活できない。蘇生技術が完全ではないからです。**当時の技術で冷凍したために、現在の科学では七五%の確率で蘇生に成功しても、残りの二五%は失敗する可能性が残ってしまう。**だから一〇〇%の確率になる日を待っているんです。

では、ウォルトは今どこに保存されているのか。一説には、ロスのディズニーランドのカリブの海賊の下というのが主流ですが、そこではありません。僕は知っているけれど、公表すると大変なことになりかねないので、ヒントだけ書きます。そこは周囲とは明らかに違和感があり、なんでここにこんな**現実に戻すモノ**があるんだろう、と感じるモノがあります。その下です。そこでウォルトは復活の日を待っているんです。

信じるか信じないかはあなた次第です。

ウォルト・ディズニー

アインシュタインの警告

　アインシュタインが舌を出している有名な写真がありますよね。どうして天才は舌を出して写真に納まったのか、その理由って考えたことありますか？　ユーモア溢《あふ》れる人だったからああいうおちゃらけた写真を残した、という説もありますが、僕が聞いている話は違います。彼はあの行為で、**人類にあるメッセージを残したんです**。

　天才であるが故に、アインシュタインはこの世の果てを見てしまいました。そして人類の行く末を知ってしまった。アインシュタインは舌を出しながら**「人間は愚かな生き物なんだ」**と伝えていたのです。

アインシュタイン72歳の誕生日に、INS通信のカメラマン、アーサー・サスによって撮影。

では、天才が見たこの世の果てとはいったいどんな世界なのか。想像もつかないでしょうが、実はそれは、日本を代表するあの漫画に既に描かれていたんです。大友克洋先生の**「AKIRA」**が、世界的にヒットした理由が、実はアインシュタインと結びつくのです。

まずこの世の果てをどうやって見たかから説明しましょう。アインシュタインといえば有名なのは「相対性理論」。……一般相対性理論とか特殊相対性理論とかいろいろありますが、この相対性理論自体を完全に理解している人は**この世に一〇人にも満たない、それくらい複雑なものだと言われています。**

この相対性理論でアインシュタインが何を言いたかったかというと、例えば光の速度で走る電車があるとする。それに乗って外を見ると、全ての物が歪んで見える。今、あなたの目の前にあるコップも、固い机も、光の速度を超えて映像を見ると**全部歪んでいるんです。**だから曲がるはずのない鉄も光の速度を超えるとグニャリと曲がってるんですよ。要はこの空間というのはあるよう

ワットの蒸気機関。

でないモノだっていうことにたどり着くそうです。

さて、人類は一〇〇年周期で歴史的な発明、発見をしています。一九世紀最大の発明は何かわかりますか？　そう、**蒸気機関**です。蒸気機関を発明したことが産業革命につながり、文明が変わりました。では二〇世紀は？　**これは核です**。つまり人類はエネルギーを作ることを可能としました。言いかえれば、太陽を作ることを可能にしたんですね。蛇足ですが、クローン技術によって人間の手で生物を作り出すことも可能にしました。**二〇世紀の時点で人間は神の領域**に手をかけているんですよ。

では二一世紀です。この一〇〇年ですね。何が発明されたら人類の歴史が変わると思いますか？　二一世紀に生み出されるべき発明とは？　答えは**反重力装置**です。つまり世の中全ての物事が浮くようになります。今まで道路を走っていた車が、空を飛ぶ時代が来る。誰もが夢見た、未来予想図が実現する時代が来るんで

核実験を至近距離で見つめる兵士たち。

す。しかし、**同時に反重力の世界は恐ろしさを秘めています。**明るい未来予想図というのとはちょっと違ってくるんです。

考えてみてください。誰かが何かの拍子に反重力装置と反重力装置をくっつけるとします。その時、何が起こると思いますか？例えば鉄。硬いといえども結局は分子と分子が結合してできているわけです。だから反重力装置を両端にくっつけたら、綺麗に真っ二つに割れます。では同じように空気中で反重力装置をくっつけて離したら？　その瞬間、何が起こると思いますか？　答えはビッグバンです。**四次元空間ができるんです。**人間はビッグバンを作ることを可能にするんです。そして今の文明を見ても分かるように、人間はなんでもコンパクトなものにさせますから、反重力装置が開発されてしばらくすれば、手のひらで使えるサイズにするでしょう。つまり人が手のひらでビッグバンを起こせるようになるんですよ。

さあ、ここでやっとAKIRAが出てきます。なぜAKIRA

が世界的にヒットしたか。単純に絵のタッチや内容の良さというのとは別の理由があります。**初めて手のひらでビッグバンを作ることを描いたのがＡＫＩＲＡだったんです。**だからそこにアメリカの科学者が真っ先に食いついた。オタクたちよりも早くです。

人間が想像するものって全て実現できるんです。ドラえもんの道具も、いつか本当に商品になるに違いありません。ＡＫＩＲＡで描かれた手のひらビッグバンも、きっと実現する日が来るでしょう。

問題はここから先です。人間は手のひらで宇宙を作ったら、どうするか。核で太陽も作れる、それにその頃には人間のクローンも作れるようになっているでしょう。そうなるとそのビッグバンの中に、**人間は自分の星を作るんです。**自分の気の合う人のＤＮＡだけでクローン人間を作り、住まわせます。男女問わず、誰しも一国一城の主でいたいという「王様」願望を持っていますよね。女だけの星に住みたければ自分の好みの女の子のＤＮＡだけでそういう人の星を作ることもできます。クローンたちに働かせて、自分は貢物を食べて過ごすことも可能です。そうやってみんな自分が作った世界にもぐりこんでいく。その時、地球表面には何が残ると思いますか？

何も残りません。**無人の星になるんです。**

アインシュタインにはそこまで見えていました。そして「**地球の表面にはいずれ何もなくなりますよ。人間は愚かな生き物なんですよ**」という意味を込めて舌を出したんです。

僕らみたいな一般人には想像もつかない世界が、天才科学者には分かっていたんですね。

ただね、僕は少し気になっているんです。これは本当にアインシュタインの頭の中だけで済んでいる話なのか、と。もしかしたら**その世界はすでに実現していて、僕らも何者かによって培養され、働かされているのかもしれない。**気がつかないだけで……。

信じるか信じないかはあなた次第です。

高橋名人は今……

こんな話を知っていますか？
ファミコン世代には有名な高橋名人。一六連射が有名になって、一時テレビや雑誌に出まくってましたよね。さらに自らが主人公になったゲームまでできた。

あの高橋名人を巡っても、いろいろな都市伝説があるんです。おもしろいのは誕生秘話。ハドソンに入る前はスーパーのレジ打ちをやっていたというんですよ。スーパー時代もレジを打つスピードが人と比べ物にならないぐらい速く、店で「レジ名人」と呼ばれていた。ある日、たまたまそのスーパーに買い物に来たハドソンの社員が、凄いスピードでレジを打つ高橋名人を見て、**「コ**

ントローラーでやってくれないか」とスカウトした。それが「高橋名人」誕生のきっかけだったというんです。今はバーコードが主流だから、こんな話にはならないですね。

高橋名人が「逮捕された」という話が子供の間を駆け巡ったこともありました。当時、「あの連射はバネを入れているからだ」という疑惑があって、その頃ちょうど一日署長かなにかをやったんですよ。それがどこからか「捕まった」っていう話になった。でも逮捕理由が「バネを入れていた詐欺の疑惑で」。子供らしい噂話ですよね。

高橋名人については、僕もスゴい話を聞いたことがあります。たまたま夕方のテレビで、番組の視聴者からのゲームに関する川柳を読むコーナーがありました。その中で、なぜか**「名人も　バネがなければ　ただのデブ」**という川柳が紹介された。それが読まれた直後に、高橋名人が「ふざけんな！」ってマジ切れしていたというんです。なんでそんなハガキが読まれたのか分からないですよね。スタッフがふざけてやっていたのかもしれませんね。

最後に余談。ごく最近、高橋名人を思いがけずテレビで見ました。それは、紀子さまの新宮さまご誕生のニュースでのこと。街角でインタビューを受けていた一般の人が、なんと高橋名人だったんです！　素人と間違われてインタビューされていて、しかもそれがしっかりオンエアされてました。局も昔高橋名人がよく出ていた局だったけれど、これってワザと？　いずれにしても神出鬼没な高橋名人なのでした。

信じるか信じないかはあなた次第です。

ファミリーコンピュータ『高橋名人の冒険島』パッケージ。こんなキャラクターにもなるほどの人気でした。

ノストラダムスとヒトラー

都市伝説の好きな人の間では有名な話ですが、ノストラダムスの予言が当たった秘密というのをご存知ですか？　未来が見えていたから？　それなら本当に偉大な予言者ですが、実はある集団のおかげだという話があるんです。それはノストラダムスを崇拝する、いわば「信者」が集まった組織。**予言が的中するように世の中を動かしていた**、というんです。

例えばヒトラー。予言書の第四巻六六番に、あのような独裁者が出るという予言が実際にありましたが、彼らはその予言の通りヒトラーを出現させた。貧しい画家志望の青年を、歴史に残る独裁者に仕立て上げたということです。ではヒトラーが死ぬときに誰が関与していたのか。それは**ヒトラーの妻エヴァ**。彼女もその

予言を現実にするために存在していたということです。ヒトラーは自殺する**前日にエヴァ・ブラウン**と結婚しているんですが、問題はヒトラーの死に方です。自殺のはずなのに、**眉間に撃ってる。**自殺する人間はそんなところに撃たない。絶対こめかみか口の中に銃を入れるのが人間の死に方。眉間を撃っているってことは**明らかに他殺**なんです。で、自殺という処理をして、エヴァ自身も死んでいる。ところが、エヴァが死ぬ前に集合写真で一つ気になるものを手にしているんです。それは何かというと、ノストラダムスの本だったらしいんです。これが明らかな証拠です。

この国にもそういう集団がいました。日本中をパニックに巻き込んだ、あのオウム真理教です。彼らはまさにハルマゲドンを実行しようとしていた。表向きは信者を獲得するために自作自演行為をしていたと理解されていますが、実はこのノストラダムス集団の一部が入り込んでいたのかもしれません。

信じるか信じないかはあなた次第です。

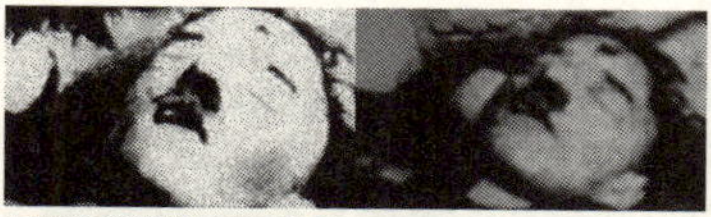

ヒトラーのデスマスクと、ソ連兵が撮影した発見直後のヒトラー。眉間に弾痕があるのが分かる。

ヒトラーが予言通りに歴史の舞台に出てきた陰には、ノストラダムス信者(?)のエヴァ・ブラウンの演出があった!?

クレオパトラの秘密

クレオパトラが絶世の美女と言われた秘密、そして権力者を籠《ろう》絡《らく》した理由をお教えしましょう。この二つはリンクしているんです。どういうことか分かりますか？　映画や歴史ドラマでは触れられません。ましてや学校でなど教えてくれません。

一八歳未満はこの先を読まないでくださいね。実はそこに秘密があります。クレオパトラが権力者を落とし、美貌を維持できた理由は……**実はフェラチオが超うまかった**から、という話なんですね。

クレオパトラに関しては、美人じゃないという説や、鼻はそんなに高くなかったという説もあります。しかしあの時代に、クレ

オパトラって確かに美人は美人だったんです。どういうことかというと、肌が凄く綺麗だったんですね。さあ、ではどうやって美肌をキープしていたか。クレオパトラは得意のフェラチオで、ピラミッドを建設してる作業員たちから、あの時代に考えられないくらい、摂取できるはずのないくらいたくさんの**動物性たんぱく質**を吸い取っていたんですね。

そうやって手に入れた美肌と、フェラチオテクニックで、権力者も魅了していった。ある意味、史上最強の女性かもしれません。

さあ、これを読んでいる男性諸君、あなたの周りにフェラチオが異常にうまく、フェラされている時に、なぜかピラミッドが気になるという女性がいたら、それはクレオパトラの生まれ変わりかもしれませんよ。

信じるか信じないかはあなた次第です。

三億円事件の犯人

これまで何度も小説や犯人探し本が出版され、平成になってからも映画になるほど国民の関心が高かった三億円事件。不思議なのはあれだけ物的証拠があったのに、犯人が捕まらずに迷宮入りしてしまったことです。なぜ犯人は逃げ切れたのでしょう。犯人は一体どんな人物なのか……。実は、僕は犯人を知っています。なぜ逮捕できなかったのかも。さあ、では昭和最大のミステリーの謎をみなさんにお教えしましょう。

犯人は誰か。**これは以前からあるひとつの説が正解なんです。**警察が逮捕できなかったのは身内の不祥事だったから。つまり、**警察上層部の人間の息子が犯人**だったからでした。警察関係者の

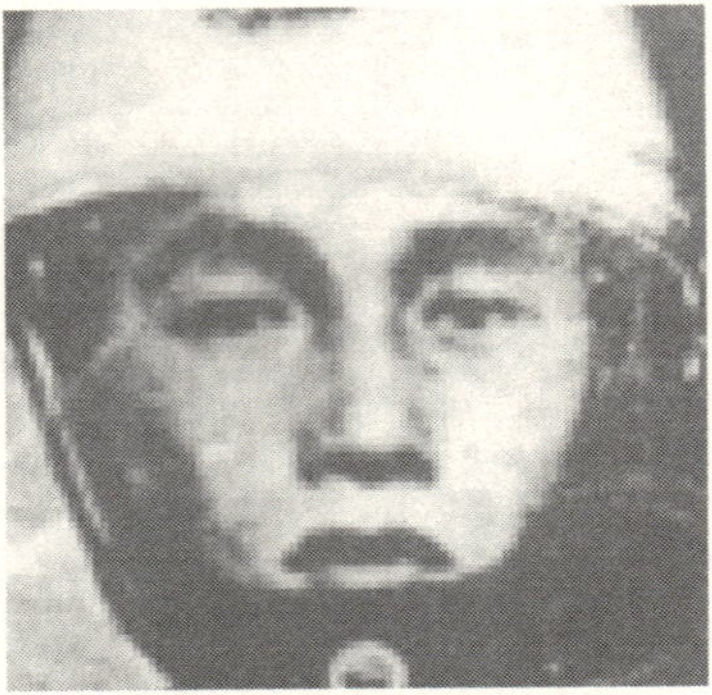

息子だから、制服も手に入ったんです。ただ問題はその息子が未成年だったこと。逮捕しにくい、話が漏れにくい状況ができてしまっていたんです。

さらに問題がありました。警察は極秘に調べを進めて包囲網を縮めていたのですが、犯人は自分が疑われていることを父親から聞き、**なんと自殺してしまったんです。**息子が自殺すると父親は、犯人だったかもしれないことを棚に上げ「どうしてくれるんだ」と開き直った。警察としても身内の不祥事であり、未成年を死に追いやったということで、これはもうこのまま未解決のままにしましょう、ということになったそうです。

警察関係のある人から聞いた確かな話です。犯人は捕まらなかったのではなくて、捕まえようにも捕まえられないところにいってしまっていたんですね。

これが昭和最大のミステリーの真相でした。

信じるか信じないかはあなた次第です。

あの犯罪者のその後

ＦＢＩでは、犯罪者が特殊捜査に加わることがあるそうです。ちょうど「羊たちの沈黙」のレクター博士のようなものですね。犯罪者の心理は犯罪者が一番よく知っているということで、猟奇殺人など一般人の感覚からかけ離れた犯罪について、過去に類似の犯罪を起こした犯人に捜査の協力をさせるんです。捜査に協力すれば、食事面などで他の囚人とは違う待遇を与えられる。刑務所でちょっとした贅沢ができるという話です。

日本ではこうしたことは禁じられており、表向きは行われていないことになっていますが、ある事件をきっかけにこうした特殊捜査をやり始めた。そのきっかけとは、**宮﨑勤による連続幼女誘**

拐殺人事件です。そして特殊捜査に関わっている犯罪者というのが、驚かないでください、その**宮崎勤**だというんです。

理由は幼児を狙った事件が増えているからです。そうした犯人の特徴、嗜好、傾向を知るために、宮崎が協力しているといわれています。だから、いつだったか久しぶりに姿を見せたときに、**全然痩せてはいなかった**でしょ。

ところで、有名な犯罪心理学のテストがあります。それはこういうモノです。

「夫婦と子供の三人家族がいて、夫が亡くなってしまいます。その夫の葬儀に参列していた男に未亡人となった妻が一目惚れしてしまいます。数日後、妻は自分の子供を殺してしまうのですが、一体なぜでしょう?」

普通の人は「再婚するのに息子が邪魔になったから」と答えるのですが、嗜虐嗜好《しぎゃくしこう》が強い人は「その息子の葬儀で、またその人に会えるから」と答えるんだそうです。この心理テストは、宮﨑勤も受けたとされますが、実は**宮﨑勤自身が考案した犯罪心理テスト**のひとつだという話です。

宮﨑勤については、いくつかの都市伝説があります。事件があった頃、僕が聞いた話では、深夜、ある山道をドライブしていたカップルが車を停めて休んでいたところ、バックミラーに映る**女の子が一人見えた。**幽霊だと思い恐ろしくなったそのカップルは車を急発進させてその場を離れた。しばらく車を走らせると別の車に乗った男に呼び止められ、「この辺で小さい女の子を見なかったか？」と聞かれたので、先程の場所を教えると、男は車を走らせていった。後日、ニュースでその時の男が**「宮﨑勤」**で、その時の少女が被害者の女の子であることを知った……というもの。ほかにも、**宮﨑勤の逮捕前にある有名歌手N・Aがテレビでこの名前を口走っていた**という不思議な話もあります。「ねるとん紅鯨団」にこの歌手がゲスト出演していた時、とんねるずに「好きな芸能人は誰ですか？」と聞かれ、どうやらこの歌手は「山﨑努」と間違えたようですが、「宮﨑勤」と答えたんです。画面には**「みやざきつとむ？」**とテロップが大きく出て、そこでプツンとなぜか画像が切れたんですね。その一週間後です。犯人逮捕とともに世の中に「宮﨑勤」という名が出たのは。そしてさらにその一週間後、**その歌手は自殺未遂しています。**

それにしても連続誘拐事件は起こっていたけれど、まだ宮﨑が捕まる前だから、誰もそんな名前など知らないのに、あのタイミングはなんだったのでしょう。そしてこれ以降、この歌手は挫折の時を過ごすようになったのです。

信じるか信じないかはあなた次第です。

たばこに隠されたメッセージ

嗜好品の代表であるたばこにも様々な都市伝説があります。有名なところでは『ラッキー・ストライク』。あのパッケージは広島に原爆を落とした時に、爆撃機エノラ・ゲイから広島の街を見た爆撃手が「ラッキー・ストライク！」と叫んだところから名付けられたという話があります。最近その話はデマだったということになりましたが、真実はどうなのでしょうか？

さて、そんなたばこに関する話です。

まず、**『キャメル』**の写真を見てください。

ラクダの前脚のところに**裸の男が腕を組んで立っている**のにお気づきでしょうか？　これは分かりやすいですよね（図1－A）。

次に、このパッケージを左に倒すようにして横にしてください。すると今度は首もとに**女性の裸体が浮かび上がります**（図1―B）。

最後に、パッケージを横にしたままその男女の二人の上を見てください。瘤《こぶ》とお腹《なか》の真ん中あたりに**男と女がキス**をしている画《え》が浮かび上がってきます。

『キャメル』のパッケージには、潜在意識をくすぐる以上の三つの性的なイメージが隠されているのです。

さて、次に、有名な『**マルボロ**』についての都市伝説をお話ししましょう。誰しもが聞いたことのある話としては、この「Marlboro」というロゴマーク。これを図2―Aのように隠すと、**「首を吊っている黒人を見ている白人」**を現しているというものが有名です。どうしてそう言われるようになったかというと、パッケージの赤い部分が「K」（図2―B）、裏にもK（図2―C）、さらに底の部分にもK（図2―D）がありますよね。三つの「K」……**KKK、クー・クラックス・クラン**（白人至上主義組織）の

線で囲んだところが問題の箇所。

1-A

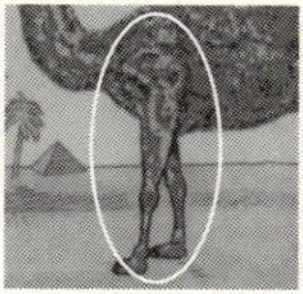

1-B

2-A

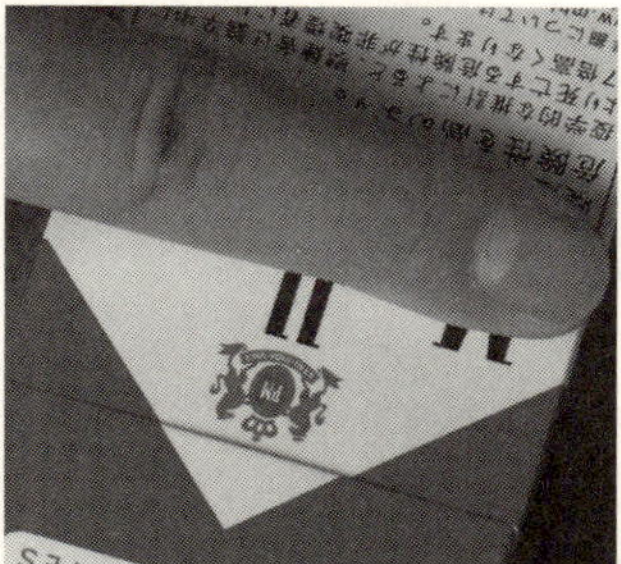

向かって右側が黒人、左側が白人とされている。

イニシャルが隠されている。だから、「首を吊っている黒人を見ている白人」と言われているのです。

しかし、「首を吊っている黒人を見ている白人」と言われる理由はそれだけではないんですね。パッケージに入っているフィリップ・モリスのマークに注目してください。エンブレムを支えている**動物の股のところ**、三角頭のKKKメンバーが横断幕を持っているのが見えるでしょう。しかも、この横断幕に書かれている言葉は、**「VENI・VIDI・VICI」**。これはラテン語で「我来たり、我見たり、我勝てり」という意味になります。この言葉は、ジュリアス・シーザーが、ローマ元老院に勝利の報告をした時の言葉とされています。ただ、このシーザーという男、ご存知のように、一般国民にとっては慈悲のかけらもなかった人物。基本的には残酷な人間です。そんな人の言葉をKKKのメンバーが支えているということになります。フィリップ・モリスの創設者のレイシストぶりというのが垣間見れるような気がしませんか？　現にこのフィリップ・モリスの創設者は南北戦争時の兵士でした。黒人

2-B

2-C

2-D

表、裏、上と読むと、KKKになる。

を追いやる側に加担していた人物なのです。

さて、話を少し戻しましょう。従来「首を吊っている黒人を見ている白人」とされてきたマルボロのロゴですが、**実はそうではないんです!!** これには隠された秘密があります。それはなにかというと、この「Marlboro」のロゴをひっくり返して読むと見えてきます。「ojoqljew」と読めます。勘のいい人ならもうお分かりかもしれません。まず「jew」というのはJew、つまりJewesh、ユダヤ教徒、ユダヤ人を指します。では**「ojoql」**とは？　都市伝説好きならよく知っていると思いますが、「オジョクル」という造語になっています。でも、「オジョクル」という単語・読み方は**存在しません。**ある秘密結社の言葉だとか、どこかの国の言葉で「追放」とか「排斥」といった意味があるといわれているんですが、ではなぜ「追放」「排斥」という言葉が出てくるのかというと、**それにはワケがあります。**実はこの「ojoql」というのは、それぞれある単語の頭文字になっているのです。ま

馬の股でなく、白いシルエットとして
見てみてください。

こちらが実際のKKKのみなさん。
どうです？　頭巾の形がそっくりでしょ？

ず「o」は**「outcast《アウトキャスト》」**（追放）、これが「追放」と言われる元となり、噂が広まるにつれ、元のアウトキャストが忘れられていったらしい。「j」が**「jail《ジェイル》」**（投獄）、「o」は「or」で、「q」が**「quarter《クオーター》」**（四分の一）、これは南北戦争時の残酷な処刑方法であった、四頭の馬に両手両足を縛りつけて引き裂かせる**「四つ裂き」**を意味します。そして最後の「l」が**「leaching《リーチング》」**といって「ヒル」や「寄生」などという意味です。以上を直訳すると、**「ヒルのようなユダヤ人を追放するか投獄するか四つ裂きにしましょう」**となる。強烈な**反ユダヤ**のメッセージになっています。まあ、ごく一部の過激な人たちが言っているだけだったようですが。これで思い出すのはヒトラーの言葉です。彼もユダヤ人を指して、「寄生虫」と言っていたのは歴史的な事実です。

それにしてもひどいことを言うものです。**こんなことが許される世の中にはなってほしくないところです。**それを踏まえてマルボロのロゴを改めて見ると、「首を吊っている黒人」ではなく、**「ユダヤ人を追放している白人」**となるのです。実際、「M」の足のズボンはかなり太い。これはユダヤ教の牧師《ラビ》の衣装の特徴でもあります。今はヒップホップやファッションで太いズボンもはいていますが、昔の黒人はむしろ足が細い印象がありませんか？　このように『マルボロ』のパッケージには、「KKK」メンバーともいわれるフィリップ・モリス創設者の**「ユダヤ教徒に対するメッセージ」**が隠されていたのです。この隠されたメッセージ、もう一歩突っ込んで言うならば、「ユダヤ統一国家思想」を掲《かか》げているという噂がある秘密結社に対するKKKという秘密結社の**牽制のメッセージ**だともいわれています。このパッケージのデザイン、ピラミッドのようにも見えます。このフィリップ・モリスのロゴ、**あの秘密結社のシンボルマーク**とされている「万物を見渡す目」と同じような位置に配置されています。なんとも皮肉な話だと思いませんか。

信じるか信じないかはあなた次第です。

法服姿のユダヤ人。分かりづらくて恐縮なのですが、太いズボンをはいてます。

関暁夫の都市伝説コラム❸

マルボロとクール

ちなみに「マルボロ」の名前の由来にはこんな話もあります。「Marlboro」=「Men Always Remember Love Because Of Romance Only」の頭文字を取っているという説で、直訳すると「男は本当の愛を見つけるためにいつも恋をする」となります。そしてもうひとつKoolというたばこがありますよね。このたばこに関してもKKKが絡んでいると言われています。普通だったらクールの英語の綴りはCoolですよね。CがKになっているということで、KKKの名前が出てきてしまうんですが、これにはわけがあります。これも頭文字を取っていて、元々は「Kiss Only One Lady」、直訳すると「キスは一人の女とするもんだぜ」というのと、「Keep Only One Love」、同じく直訳で「ひとつの恋を貫き通せ」という2つの説があるんです。

どちらにしろ、一途な意味合いです。だから、「浮気のマルボロ。一途のクール」なんて言われているんです。

さぁ、彼氏彼女がどっちを吸っているかチェックしてみてください。ちなみにボクはクールです。

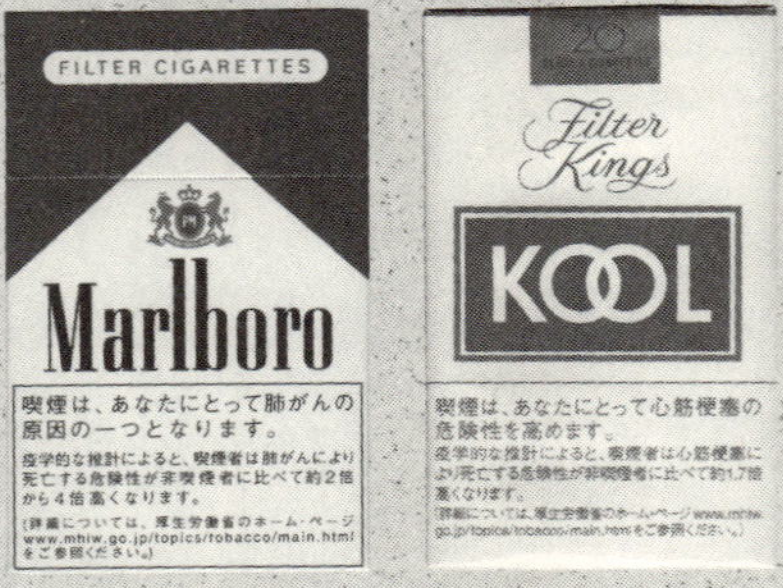

【第四章】アメリカ政府と統一国家思想

世界的な事件は偶然に起こることは決してない。
そうなるように前もって仕組まれていた、と……
私はあなたに賭けてもいい。

——合衆国第三二代大統領 フランクリン・D・ルーズベルト

東京ニューヨーク化

最近、東京の街を見ていて気がつくことがありませんか？　まず、新宿に行って南口を出ると、**「タイムズスクエア」**という名前がついた髙島屋タイムズスクエアがありますね。できた当初、何で「タイムズスクエア」なんてつけるのかと論議を呼んだものです。そしてその先には、**エンパイア・ステート・ビル**と見まがうNTTドコモ代々木ビルが聳《そび》え立っています。

次はすっかり人気スポットになっているお台場です。海に面したこの街に、なぜか数年前から**「自由の女神」**が置かれています。

これらのランドマークが作られたのは、一九九〇年代後半から二〇〇〇年代初めにかけてのことでした。何者かが何らかの意思を持って、**東京をニューヨーク化しようとしている**んですかね？

さあ、そこで考えてみてください。ニューヨークを襲った「九・一一テロ」。もし、東京がニューヨークに見立てられているのだとすれば、「ワールドトレードセンター」にあたる場所はどこなのか？　テロが発生した場合に狙われそうな象徴的な場所はどこなのか。

分かりますか？　それはズバリ、**「六本木ヒルズ」**です。

あのメインのビルこそツインではないものの、その地区が丸ごと再開発され、系列のビルが林立している点や、テナントにその時代を象徴する企業が入っていること、そして経済の象徴になっていることなど、ＷＴＣとの共通点は非常に多いんです。

そして何より僕が気になるのは、住所が**「六本木六丁目六番地」**、つまり「悪魔の数字」であること。二〇〇〇年五月に防衛庁が長年居ついた六本木を捨て、市谷へ引っ越したこともひっかかります。この流れは何かの予兆なのでしょうか。

信じるか信じないかはあなた次第です。

電子レンジUFO説

電子レンジに関するお話です。某有名タレントのおじいちゃんが開発にかかわっていた、なんて話もありますが、それが真実かどうかは、まあいいです。**実は電子レンジの開発にはある隠された事実があります**。ここではそんな不思議な話にスポットを当てましょう。

「電子レンジはＵＦＯの技術を転用した」という話、聞いたことありますか？

以前、電子レンジの特許を巡り、アメリカで裁判になったことがあったそうです。その時、その企業が「この特許はどこが持っているのか？」と調べたら、かなりの部分を**アメリカ政府が持っていた**。しかし、政府に問い合わせてもロクに返事が返ってこない。

初期の電子レンジ。

そこで色々調べたところ、電子レンジの基本となる部品、あの分子が振動して摩擦熱を発生させる部品は、**実は墜落したＵＦＯの部品だった**という話が出てきたというんですよ。

ＵＦＯの墜落といえば、有名なのは一九四七年のロズウェル事件ですが、実はそれ以前の一九四一年にも、軍によってＵＦＯが回収されたという話があります。電子レンジが初めて製品化されたのは一九四七年（特許はその前年）。五、六年あれば、未知の部品を分析、商品化するには十分でしょう。

それから、考えてみてください。電子レンジって、世の中に普及し始めた**四〇年前にはすでに今と変わらないサイズ**の家庭用製品が売られていたんです。テレビやクーラーは何年もかけて薄くなっていったし、コンピュータだって、小型化には時間がかかった。人間はいつも、一旦開発したものを、時間をかけて小型化してきました。携帯電話だってそうでしょう？　発売当初はショルダー型の無線機みたいなヤツでした。それに比べて電子レンジは、発売当初から精密機械の部品があんなに薄くほぼあの大きさ。小型化のスピードが異常に早いんです。**あっという間に「完成形」**に到達してしまった。だからその後は、オーブンなど機能を増やす形での進化ばかりでしょ。どうしてなんでしょうね？

定説では、電子レンジは「研究者がポケットに入れていたチョコレートが溶けていたことから思いついた」と言われていますが、**これはUFO説を隠すために語られている**だけかもしれない。確かにその当時の人間に、分子レベルの摩擦熱を利用して食品を温めるなんて発想ができるでしょうか？　ましてやそれを商品化する技術があったとは考えにくいです。だいたい特許の話にアメリカ政府が出てくるのも、おかしな話ですよね。

信じるか信じないかはあなた次第です。

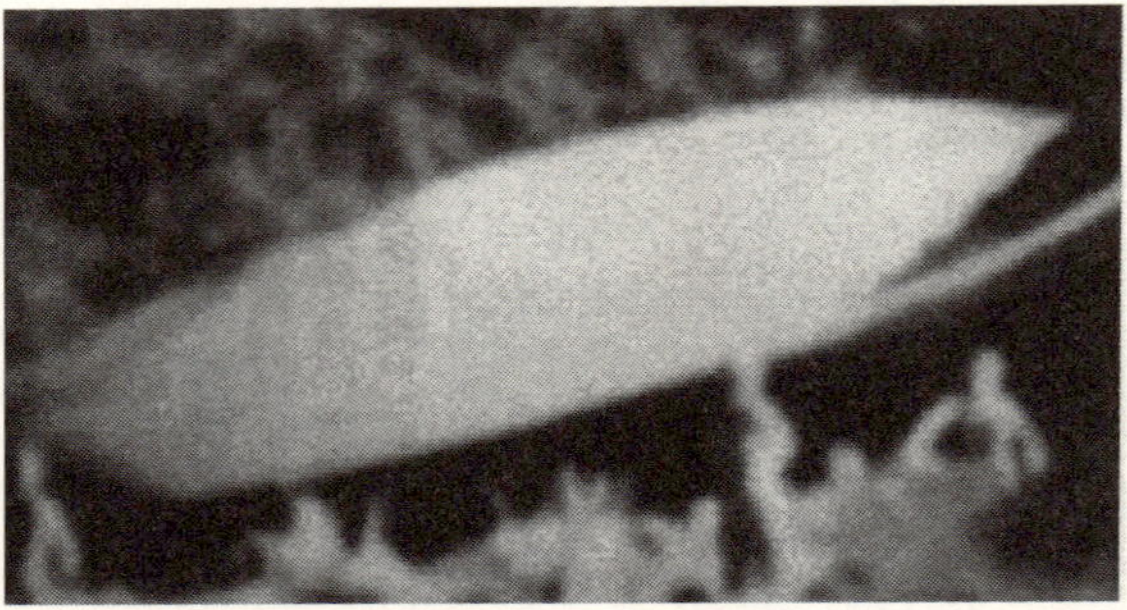

1947年7月、アメリカ、ニューメキシコ州ロズウェルに墜落した円盤だとされている写真。周囲に立っているのは軍の回収部隊、もしくはエイリアンではないかとみられている。

スピルバーグの正体

アメリカの大統領が就任して最初にこなす重要な仕事って何だと思いますか。書類にサイン？　国民にスピーチ？　そのぐらいで済むならいいですよね。実は最初の重要な仕事は、**アメリカ大統領として宇宙人に会わされること**なのです。もちろんこのことは国家機密なので、間違っても公表されることはありません。そして大統領以外にも、ある映画監督も宇宙人に会わされているんです。誰か？　かの有名な**スティーブン・スピルバーグ監督**です。

実際に、スピルバーグとアメリカ政府というのは接点があるんです。「グレムリン」という映画はスピルバーグが政府と関係しているっていうなによりの証拠なんです。ちょうど当時はソ連との冷戦真っ只中で、ソ連に対しての敵対心のあらわれとして、ク

レムリンを皮肉に取ってグレムリンと名づけたというんですね。映画の中でも「これは、グ（ク）レムリン（ソ連）の仕業だ」って言っているんですね。機械が故障するとか、そういうのを全部、遠まわしなソ連に対する皮肉としてやってます。そんなチャチな表現、一流の監督がやるかっていったらやりませんよね。アメリカ政府の意見があったからこそです！

さぁ、スピルバーグが宇宙人に会わされたという本題に入りましょう。

証拠はスピルバーグ監督の作った映画に隠されています。例えば、今みなさんが「宇宙人」といってまず頭に浮かべるのは、目の大きなヒューマンタイプのものじゃないですか？　その宇宙人、いわゆる「リトルグレイ」というタイプのものを**初めて世に出した**のは、スピルバーグ監督の「未知との遭遇」（一九七七）だったんです。それまでの映画監督は、宇宙人といえば人間とかけはなれたタイプのものを描いていたもの。簡単にいえばタコ型火星

2004年5月6日、オランダのフーベン在住のロバート・ヴァン・デン・ブルーク氏の自宅居間に実体化したエイリアン。大きな頭と細長い首、華奢な体、それに吊り上った目は「グレイ」そのものだ。

人のようなものですね。しかしスピルバーグ監督は、ヒューマンタイプを描いた。そして約三〇年経った今では、宇宙人の代表的なタイプとしてリトルグレイが定着している。ではなぜあの時代にリトルグレイの姿を描けたのか。簡単です。**会ったからです。**「未知との遭遇」で宇宙人の存在を知らしめたスピルバーグ監督に、次の仕事が来ました。それは「宇宙人は敵じゃありませんよ、怖くありませんよ、友好的ですよ」と地球人に思わせよ、というものでした。そこで作られたのがあの大ヒット作品「E．T．」だったんです。

スピルバーグ監督は宇宙人に会って、こうした使命を与えられたんです。裏の顔は「宇宙人のスポークスマン」だったんですね。スピルバーグ監督は「宇宙人がいつか地球人と接触する」「宇宙人とは仲良くなれる」というPRを世界的に浸透させたことで、一旦この任務から解放されます。

そして本来自分が作りたかった作品に専念します。彼自身ユダヤの血を引いており、ユダヤに関する映画が作りたかった。それ

いわずと知れた「E.T.」での宇宙人描写は、全世界の人々の“宇宙人観”を変えることになる。

が「シンドラーのリスト」などに描かれています。
そして最近、宇宙物にまた引っ張り出されたんです。「スター・ウォーズ　エピソード3」と同時期に公開された「宇宙戦争」という映画で。普通に考えたら、「スター・ウォーズ」のシリーズ完結編という、ヒットが約束されている映画に挑むのは賢くないですよね。ヒットしないのは最初から分かっていた。ではなぜ製作したかといえば、**やらされたからです。**

アメリカというのは映画大国です。国民のほとんどが映画館に足を運ぶのです。そして、ここ数年は宇宙ものを二作品同時期に上映するということが増えています。例えば古くは、「スター・ウォーズ」の公開時に「未知との遭遇」が公開されたりとか、「ブレードランナー」の時は「E.T.」、「インデペンデンス・デイ」には「メン・イン・ブラック」と、必ず宇宙ものSF大作の公開には、別の宇宙ものSF大作公開を合わせ、**国民が必ずどちらかは見るようにしむけている。宇宙人の存在をしっかり認知させる**

アメリカで撮影されたという典型的なグレイタイプの宇宙人。詳細は一切不明。リトルグレイの親玉ともいわれている。

ための戦略なんですね。そういった流れの中で、「スター・ウォーズ　エピソード3」に対抗する宇宙ものの企画で、いろいろな監督が降りる中、スピルバーグ監督が引っ張り出された。スター・ウォーズに負けるとわかっていたからか、もうこうしたプロパガンダに関わりたくないからか、映画の中味はひどいものだった。そして実際に興行成績でも惨敗しています。

スピルバーグ監督がどんな気持ちで「宇宙戦争」を製作していたのか。**実はそれは映画でトム・クルーズが演じた役に投影されているといいます。**トムの役は、主人公のくせに何もしなかった。宇宙人と戦って世界の平和を取り戻すわけでもない。ただ流れに身を任せ、ストーリーテラーの役割をこなしているだけ……。あの姿はスピルバーグ監督そのものだったんじゃないか。言われるがまま、命じられるがままにやらされている自分を描いたんじゃないか。「宇宙戦争」という映画は、そういう作品だったんですね。

信じるか信じないかはあなた次第です。

レーガン大統領とスター・ウォーズ計画

アメリカ合衆国第四〇代大統領ロナルド・レーガンがアルツハイマーになったことを巡って、ある説があるのをご存知ですか？　**レーガンはアルツハイマーになったんじゃない、ある組織によってそうさせられたんだ**——という説です。

実はレーガンは大統領を辞める時期から注射を打たれ始めたというんです。アルツハイマーになる注射を。なぜそんなことをされてしまったのか。それは**大統領時代に言ってはいけないこと**を言ってしまったからなんですね。

問題の発言はスター・ウォーズ計画にまつわる発表で出てしま

いました。スター・ウォーズ計画とは、簡単に言うと、飛んできたミサイルを宇宙空間で迎撃するというものなんですが、レーガンは**「ミサイルをレーザービームで破壊する」**と言ってしまった。このレーザービームという言葉、実は決して漏らしてはいけない言葉だったんです。なぜなら、現在でもそうですが、その時代には武器として存在しないはずのものだったからです。

SF映画で見ていたあのレーザービームが、**アメリカでは既に武器として開発されているという事実を漏らしてしまったのです。**

当時はソ連との軍事開発競争の真っ只中。手の内を明かすなどもってのほかでした。しかしこの失言で、アメリカが武器としてレーザービームを使うということが分かってしまった。そうなると敵も対抗、もしくは妨害工作をしてきます。こうしたリスクは常に最小限にしなければいけないのに、大統領自らその禁を破ってしまったんです。

結局その後、ソ連は崩壊していき、スター・ウォーズ計画も忘れられていますが、レーガンは、これだけではなく、他にも言ってはいけないことを言っています。一九八八年、五月四日の記者会見でこのようなことも口走っているのです。**「私はよくこう考えます。地球が攻撃を受けたとしましょう。異星人に襲われるような事態となれば、皆、人種の違いなど忘れてしまうはずです」**。これも各界専門家の論議を呼びました。地球外生物といずれ戦う時がくるということなのか？　大統領として、こうも国家機密の漏洩発言が続く。そんなことがあったため、レーガンは秘かにそのミスを償わされていました。大統領を辞任した時期くらいから注射を打たれ始め、アルツハイマーになることで、「もしかしたらあの時からその傾向があったのかも」と、信憑性を曖昧《あいまい》にさせるためにです。

レーガンが残した名言で、**「私はアメリカ大統領としての資質をすべて備えている。第一に抜群の記憶力！　第二に……え～と、**

ロナルド・レーガン（1911―2004）
アメリカ合衆国第40代大統領
任期：1981年1月20日～1989年1月20日
退職後の1992年、レーガンはアルツハイマー病と診断された。病は年を追うごとに前大統領の精神を破壊していき、彼は静かで隔離された環境で余生を送ることを余儀なくされた。
1994年11月5日、彼は国民にあてた手紙という形で、アルツハイマー病の病状を公表した。
2001年に転倒した際に腰を骨折してほとんど寝たきりとなってからは、彼の健康状態はさらに不安定になった。
現地時間で2004年6月5日の午後1時9分、ロサンゼルス近郊の自宅でレーガンは肺炎のため死去した。彼は妻ナンシーおよび子供マイケル、パティ・デイビスおよびロンに支えられ闘病生活を続けたが、家族にベッドの周りを囲まれて生涯を終えた。

何だったっけな？」 というのがありますが、それもひとつの証明になるかもしれません。

さあ、では一体誰が国の最高権力者である大統領相手にそんなことをできるのか。さすがの僕にも「ある組織」としか言えません。いや、この件ばかりは「知りません」と言ってしまった方がいいのかもしれない。

世界には触れない方がいい闇がまだまだあるんです。

信じるか信じないかはあなた次第です。

スター・ウォーズ計画の概念図。

アメリカ策略戦争

ここ何年かのアメリカの動きを見ていて、おかしいと思いませんでしたか。二〇〇一年の九・一一テロから後、アメリカは二カ国と戦争をしています。「アフガニスタン侵攻」という名の戦争とイラク戦争です。実際に攻撃するまでの経緯はメチャクチャ。**戦争するための理由を無理やり作った**としか思えませんでした。これを読んでいる人の中にもそう思った人は多いんじゃないですか？　それに戦争に踏み切ったブッシュ大統領が選挙に勝つまでもおかしかった。まるでそういう道が最初から用意してあるようでした。

実はアメリカは、どうしても戦争がしたかったんです。なぜか。そこにはちゃんと理由があるんです。

ワールドトレードセンター崩壊直後の画像。この後、なぜか第7ビル（矢印）も崩壊する。後にＷＴＣのオーナー、ラリー・シルバースタインは、第7ビルを制御倒壊させたと証言。ビル破壊には、数日の準備期間が必要なことを考えると、9・11テロそのものが計画的な〝制御倒壊〟だった可能性も……。

まず、アメリカがアフガニスタンと戦争をしたかった理由を説明しましょう。キーワードは「ゲリラ」です。アフガニスタンのゲリラは、世界でも最も手ごわいと言われています。そこにアメリカが戦争をしたい理由があった。なんのため？　武器を売るためです。

今の戦争は「メディア戦争」と言われています。僕ら一般人にはニュース映像でしかないあの爆撃映像も、〝その手〟の人たちにとってはＣＭ、宣伝です。ミサイルがターゲットを正確にとらえたという映像が流れれば、それは性能の証明になる。実際の被害が報じられれば、その武器の破壊力が分かる。それを見て世界から「あのミサイルを買いたい」という注文がくる。何十億、何百億という金が動く。全く残酷な話ですが、どこかを攻撃することは、武器を売るための最大の広告になってしまっているんです。

最近アメリカが開発したミサイルは、地面に落ちてからすぐに爆発するのではなく、**着地後に地中五〇メートルまで掘り進み、そこで爆発するというもの。**これでは地中に隠れているゲリラはひとたまりもない。逆にいえば、ゲリラに悩まされる国にとって、一掃するのにこんなにいい武器はない。

これはベトナム戦争に敗れた屈辱的な経験から生まれたミサイルです。そう、アメリカは一度だけ戦争に敗れているんです。あの戦争でアメリカは、地下にトンネルを掘り、神出鬼没な動きをする北ベトナムのゲリラ戦法に悩まされた。その屈辱は今でも焼きついている。その記憶を払拭《ふっしょく》するためにも、**世界に対して「ゲリラに負けた」という汚名を返上**するためにも、このミサイルを作らなきゃいけなかった。アフガニスタンとの戦争は、商売と汚名返上を両方やってのけられる格好の舞台だったのです。

ではイラクはどうか。実はイラクは戦争をしかけてほしかったという見方がある。以前から国内の対立が激しく、それなら一度国をぶっ壊してもらい、邪魔な連中がいなくなったところで国を再建しようと。それに乗ったのがアメリカだった、というわけです。ただし、**イラクはアメリカにある条件を出した。それは大統領をブッシュにすること。**理由は、湾岸戦争の時に指揮を取っていたのが、今のブッシュの父親だったからです。父ブッシュは中東では悪魔と言われている。その悪魔の申し子が、アメリカでまた実権を握っているとなると、**中東は立ち上がるわけです。**これは戦争になるまでのストーリーがとても理解しやすい。イラク国民はアメリカへの憎さばかりで、こんなストーリーが隠されているなんて思いもしない、というわけです。

そこで思い出してほしいのは、ブッシュ大統領が選ばれた選挙のこと。マイケル・ムーアも指摘していたように、あの選挙は完全におかしかった。回収された投票用紙を積んだトラックが横転して、たかだか一回横転しただけで、扉が開いて、投票箱まで開いて、投票用紙がばら撒《ま》かれたなんてこともあった。こんなこと

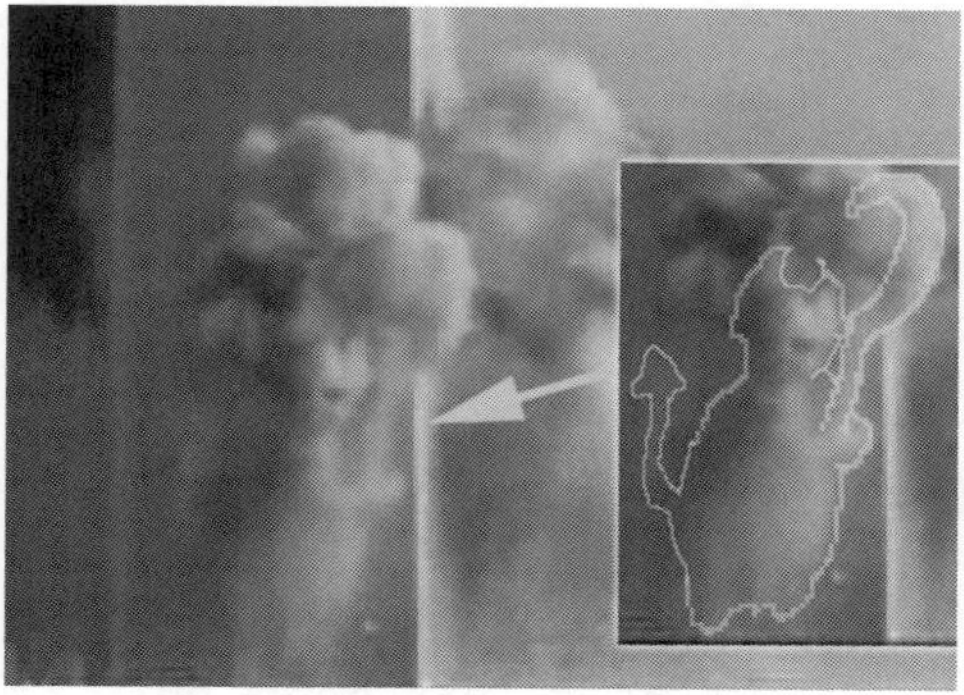

なんと、煙から悪魔の姿がうかび上がっている。

はあり得ないんです。実際に世論調査では完全にゴアが勝っていたのに、再選挙になってブッシュが勝った。なぜか。**ブッシュじゃないと戦争にならないからですね。**

それからアメリカの国民性。アメリカはヒーロー大国なんです。**まず母国が傷つけられてから**戦争すると国民は立ち上がるんです。真珠湾攻撃の時もそうですね。「トラ、トラ、トラ」という暗号を解読していながら、敢えて攻撃を受けている。そして国民の士気を上げ、**開戦に正当性を持たせました。**その時に指導者がヒーロー的な立場を気取るわけです。もっと言うと、分かりやすい悪の親玉がいた方がいい。映画「バットマン」で言うところのジョーカーや、「スパイダーマン」ならオクトパス。それで作られたのが**ビンラディン**なんですね。

だいたいビンラディンがいまだに捕まっていないのも不思議な話です。衛星から地上一〇センチ四方まで拡大して監視できる時代。しかも、アメリカというのはＦＢＩやＣＩＡなどが、世界中いろいろな所にスパイをもぐりこませている国です。もちろんゲリラにも情報網をもっている。なのに、ビデオでメッセージまで送っているビンラディンを見つけられないはずはない。一説には東京の下北沢に潜伏しているって話もありますが……。

また、ワールドトレードセンターが最初にテロ攻撃を受けたときは、犠牲者の名前が公表されていたのに、いつからか名前が伏せられて、**数字に変わったことを**、みなさん覚えているでしょうか？　そこにアメリカ政府の**メディアを使ったねつ造工作**があったのです。それはなぜか？　ＷＴＣの犠牲者のリストの中に、ＷＴＣに入っている本当のアメリカ経済を動かしている企業数社の中から、五人の重役の名前がなかったことに気づき始める国民が出てきたからです。事前に情報を与えて、避難させていたことを知られるのを恐れたアメリカ政府は、**その瞬間からリストの名前を数字に変えたのです。**

実は前出のミサイルとは別に、アメリカが開発していた画期的

最初の報道では「ウサマ」だったビンラディン氏。いつの間にか「オサマ」とされているのにお気づきでしょうか。一説にはアメリカで20ドル札の話が世に広まりすぎたので変えたと言われている。

なものがもうひとつありました。**それは戦闘機の遠隔操作システムです。** 畳一畳ぐらいの広さがあれば無人の戦闘機を操作できるというものです。もうお気づきでしょうか？　あの九・一一でWTCビルに突入した飛行機は、実は遠隔操作された無人の飛行機だったというわけですね。乗客は乗っていたかもしれないが、**実はパイロットは乗っていなかった。** 考えてみてください。ハイジャック防止の連絡網が発達している航空業界の中心であるアメリカで、ほぼ同時に四機もハイジャックなんかできるわけがないんです。

民間機じゃなかったという話もあります。どこかの基地を飛び立った、突入用に用意された無人の飛行機だったと。その証拠に、飛行機が突入した瞬間を捉えた映像をよく見ると、腹の部分にミサイルポッドのようなものがあります。なぜかこの話が囁かれだした頃から、あの映像が「自粛」の名の下《もと》に使われなくなりましたが。さらにいえば、突入したとされていたアメリカン航空11便と77便が、その日は欠航していたという話もある。ペンタゴンに

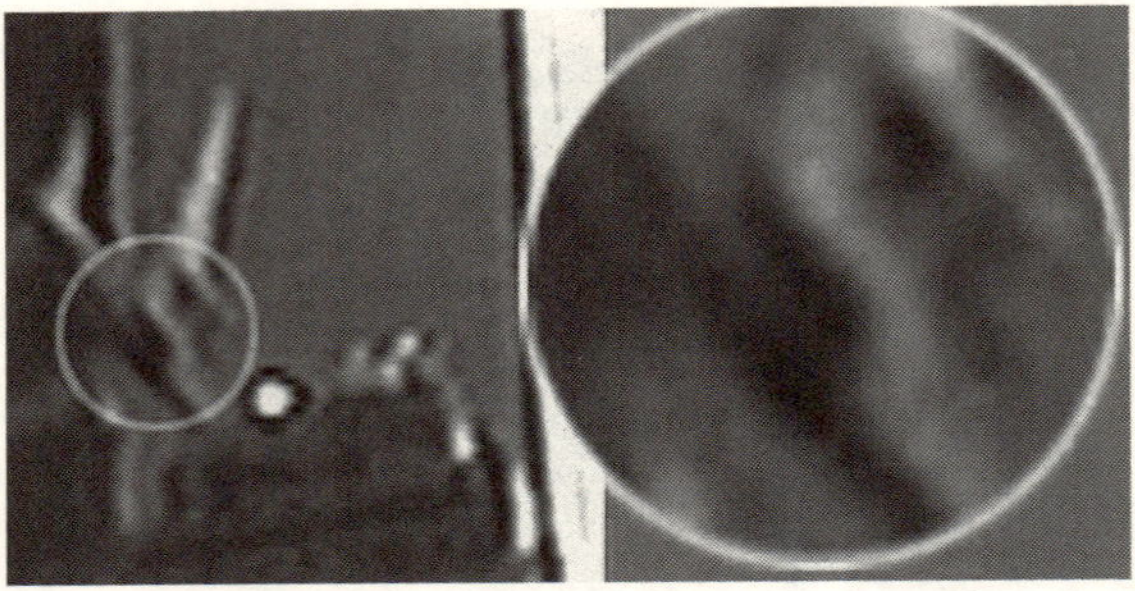

突入する直前の飛行機の画像。確かにその腹の部分にはミサイルのような影が……。

飛行機が突入したという話に至っては、**ひと目でおかしいと分かりますよね。**翼の幅を考えれば、あんな壊れ方はしない……。あれは、色を変えたトマホーク・ミサイルが衝突したのだと言われています。

また、なぜワールドトレードセンターなのか。**アメリカの象徴を壊すのならば、四機のうち一機でも自由の女神を狙ってもいいはずなのに……。**そこには深いわけがあると聞きます。自由の女神というのは、フランスのフリーメーソンがアメリカの独立記念に贈ったものです。ここで思い出してほしいのが、例の二〇ドル札の予言です。肖像に描かれたアンドリュー・ジャクソンとフリーメーソンのマーク、やはり何かが隠されているような気がしませんか?

では、なぜアメリカは戦争をしたがるのか? 実はアメリカは今、**宇宙事業に使うためのお金を貯めているのです。**このことについては「ケネディと宇宙」のところでお話しすることにしましょう。

テロ直後のペンタゴンの様子。

さあ、シナリオ通りのこの戦争。実はこのままいったら**「第三次世界大戦」に発展するかもしれない**と〝先読み〟していた人物がいます。それは当時国務長官だった**パウエル氏です。**この人のおかげで我々は第三次世界大戦を免れているのです。

第三次世界大戦とは何か？　**それはキリスト教とイスラム教の「宗教戦争」**だと読んだ彼は、それを避けるため、北部同盟を作ってイスラム教徒同士を戦わせたのです。湾岸戦争時から慎重に第三次世界大戦を回避してきたパウエル国務長官は支持を得て、大統領になるという話もありました。しかし、非白人系の彼が大統領となるのはリスクが伴います。結局、家族のことも考えた彼は、その話を辞退したのです。

話を積み重ねていけば、おかしなことだらけのブッシュ・アメリカ。

信じるか信じないかはあなた次第です。

パウエル国務長官（当時）

アポロ計画

「アポロ計画」によって、アメリカは必死に宇宙開発の主導権を握りたがりました。なぜか。ソ連が先に有人宇宙飛行を成功させ、ガガーリン大佐が残した名言「地球は青かった」は有名ですが、同時に言った**「神はいない」**という言葉に鍵があります。その共産主義的な発言に触発されたアメリカは、**国の威信を賭けて『神の存在』を主張せざるを得なくなったのです。**

「アポロ計画」といえば、有名なのは月面着陸したという11号ですが、アポロには1号から18号まであったんですね。このうち1～3号は実際には飛んでいません。1号はテスト中に亡くなったパイロットたちのために、遺族の要請で後からあてがわれ、2、

アポロ13号の乗組員、左からラヴェル、スワイガート、ヘイズの3人。

3号はその関係で欠番に。そして4～6号は無人飛行。7号で初めて有人飛行し、7号と9号は地球周回軌道に乗ったんです。そして8号と10号で有人月軌道飛行に成功し、11号へと続いていくわけです。ちなみにアポロの名を使った最後の18号は、ソ連と共同で「アポロ・ソユーズテスト計画」という実験を行っています。

初めて月軌道に乗った8号のパイロットは、つまりすなわち初めて月の裏側に行った人たちということになるんですが、その時にジム・ラヴェルという船員が言ってはいけない暗号を言ったんですね。それはなにかと言うと、**「サンタクロース」**という言葉。これは未確認生物、未確認飛行物体を指す言葉でした。宇宙からの通信で**「月の裏側にサンタがいたぜ」**と言ったんです。

よく言われる「月の裏側にUFOの基地がある」というのは、こういう根拠があるんですね。アメリカでは当時から、民間機や空軍機のパイロットがUFOを目撃していたんです。ただそれを公には言えなかった。なぜならば、言えば「頭がおかしくなった」

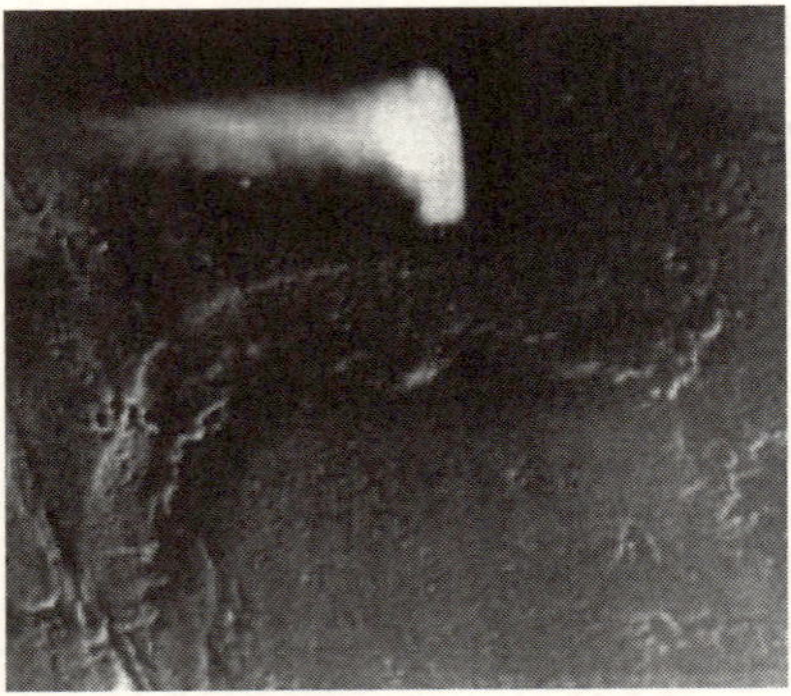

月での未確認飛行物体の写真とされている画像。

ということにされてしまい、免許、資格を剥奪されて、二度と搭乗できなくなるから。今でもUFOの目撃談を語るのは、いつも「元」パイロットですよね。そこに気づいてください。現役パイロットは自分の仕事を守るために決してそんなことは言いません。ちなみに、**アポロ8号で「サンタクロース」と言ってしまったラヴェルは、後に有名な13号に再搭乗し、死にかけています。**このアポロ13号の事故についてもいろいろと言われています。これまで4〜12号まで順調に計画がうまくいき、国民のアポロ計画に対する関心が薄れてしまうと、膨大な国の予算を宇宙開発事業に費やしていていいのかという世論が起こってしまいかねない。その前に、わざと13号を使ってヒューマンドラマを演出してやることで、国民を再注目させる。まさに13号は、アメリカ映画に見られるハッピーエンドのストーリーをなぞって作られています。

さて、アポロ11号です。最近言われ始めたのが「11号は本当に月に着陸したのか？」という話。技術的にも、あの当時、アポロ

11号が搭載していたコンピュータは、**今のファミコン以下だというんですね。**そんな機材で月まで行って、引力が違う場所で着陸の制御ができたのか。さらに、月で撮影されたという映像を見てもおかしなところがいろいろあったわけです。例えばヘルメットのバイザーに別の飛行士が映り込んでいた写真。この時は二人しかいなかったのに、バイザーに映ったもう一人はカメラを持っていなかった。**一体誰が撮影したのでしょう？**　また太陽しか光源がないはずなのに、まるでスタジオで様々な角度からライトが当たっているかのように、影の方向がバラバラになっている写真もあった。月面での動きの映像は、倍速で見ると普通の動き。つまり、再生速度を落としているんですね。それから、宇宙服のものを含め、多くの写真で**アメリカ国旗だけはライトアップされてくっきり写っていた。**どうにも不思議なことが多いんですね。

なにより月に着いてからもう四〇年経つのに、月を開発しているって話、全く出てこないですよね。どうしてなんでしょう。人

バイザーに映った飛行士に注目。カメラを持っていない!?

類というのは、一度足を踏み入れた地には、必ず文明を作っています。**四〇年も経つのに、いまだに何も変わらない**。それどころか、今は月を通り越して火星にまで話が進んでいます。何か深い事情があると思ってもおかしくはないですよね。

今の技術ならきっと月に着陸できるでしょうが、当時の技術では無理だと僕は考えています。じゃあ、なぜ月に行ったことになっているのか。あの頃のアメリカはソ連と宇宙開発競争をやっていたんですね。先に月に着いたほうが実権を握るというので、アメリカはトリックを使ったんじゃないか。映画大国の技術を活かして**特撮をやった**というわけです。それからもうひとつひっかかるのは、全世界に生中継していたことです。失敗は許されないはずなのに、どこに必ず成功するという保証や自信があったのか。**事前に砂漠で撮影してあったからこそです**。

今、月開発の話が出てこないのは、**裏にUFO基地があるからでしょう**。だから月より遠い火星を調べている。で、以前話題に

ライトアップされた星条旗が真空なはずの月でなびいている。

なったように、火星には火星で人面岩がある。あの有名な人面岩は、顔の右側に鏡を置いてみるとライオンに見えます。**つまり、人間とライオンの融合したものなんですね。**なぜそんなものが火星にあるのでしょう。そして人間とライオンといえば、これとまったく同じ物が地球上にも存在します。はるか昔から。分かりますか？

それはエジプトのスフィンクスです。火星にも二〇万年前には生命があったといわれています。スフィンクスはもしかすると彼らが作ったのかもしれない。

火星に関しては、よく真っ赤な砂漠のような映像が出てきますが、実はちゃんと青空が広がっている地球のような星だという説もあります。あの赤い映像はＮＡＳＡが情報操作するために出しているというんです。確かに、僕らはどうやっても見に行けないから、ＮＡＳＡが出す情報を受け入れるしかないんですね。もちろん、それを信じるかどうかは別の問題。真実は別の場所にあるかもしれない。

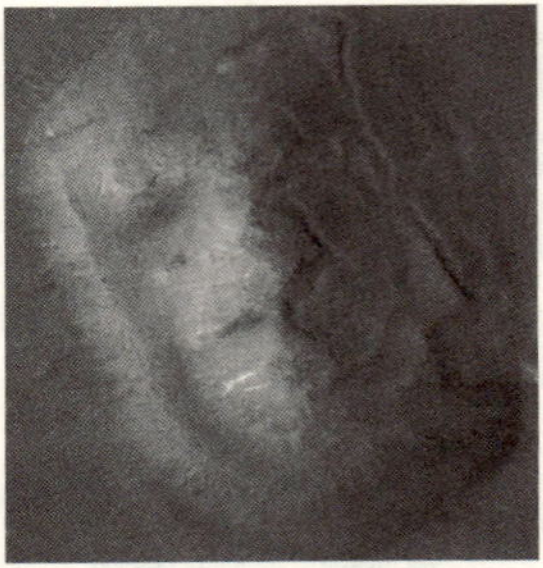

精密写真で見ると、人間の顔とライオンの顔の融合であることが分かる。向かって右半分がライオンの顔。

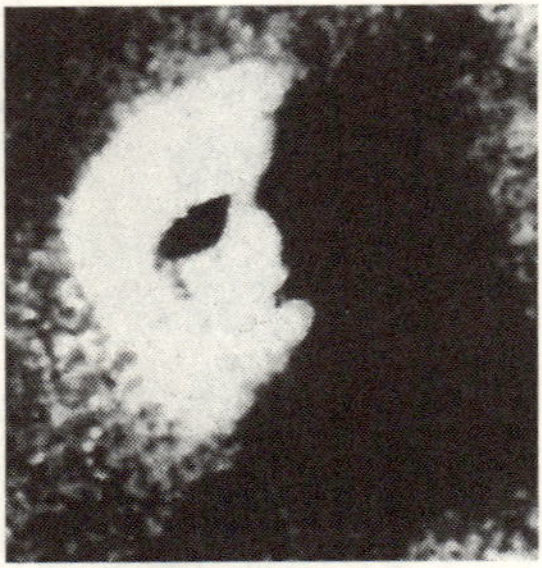

旧ソ連の火星探査機「火星23号」が送信してきた火星で発見された「人面岩」の写真。

ちなみにこんな話もあります。アポロ11号が月面から持ち帰った月の岩の中から**人間の胎児の化石が発見されていたというのです**。今から二〇万年前に、人類が月面を歩き回っていたという衝撃のレポートです。NASAに籍を置き、月の岩の研究に携わる地質学者のリチャード・コール博士によると**「この胎児はおよそ二〇万年前のもので、現代人に匹敵する脳容量を持っていました」**とのこと。さらにこの化石、コール博士によって分析された後、当時のニクソン大統領に見せられ、彼の指示で処分されてしまったそうです。

信じるか信じないかはあなた次第です。

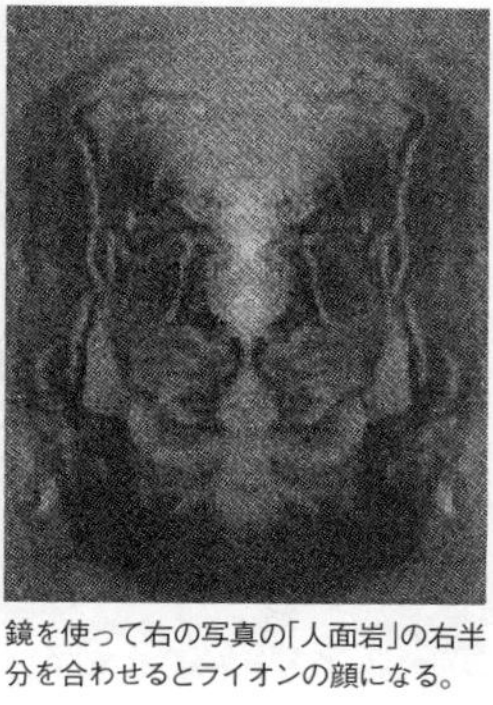

鏡を使って右の写真の「人面岩」の右半分を合わせるとライオンの顔になる。

CGで再現した本物のライオンの顔。右の写真と比べてみてほしい。

ケネディと宇宙

今から予言しておきましょう。

常識が全て覆される時が来ます。そして、マヤやエジプトのオーパーツ、そしてアトランティス……数々の謎が解ける時が来ます。

それは二〇三九年です。

どういうことなのか、これから起こることを予言しながら解き明かしていきましょう。まずブッシュ大統領の任期があと二年なので、アメリカとイラクの戦争は二〇〇八年を境に終焉に向かうと言われています。**そしてそこから宇宙の時代が幕を開けるんです。**

最初のポイントは二〇一三年。ケネディ大統領が殺されてからちょうど五〇年目です。アメリカというのは本当に面白い国で、国家機密は五〇年秘守していていい。でも五〇年を越えると情報を公開する。たとえていうならば、エリア51の存在。昔は絶対に機密として衛星でも映らないようにしていたのに、NASA以外に宇宙に関する基地として五〇年目で公表に踏み切った。

では、ケネディ大統領暗殺後五〇年目でアメリカ政府が何を公表するのかというと、**「未確認生物、未確認飛行物体は実在する!!」**という発表をきっとします。

それを合図に積極的な宇宙事業が始まるんです。**今現在、宇宙空間に出た瞬間、数多くの未確認飛行物体が飛んでいます。**だから民間人を連れて宇宙へ行くのは、**二〇一三年の発表を待ってからとされています。**

ケネディ暗殺の瞬間。

そんな中、この流れに逆らおうとしたがために、社会的に抹殺された人物が日本にいます。実は僕は「この人は潰される」と以前からトークライブなどで警告していました。その人物とは……

ホリエモンこと堀江貴文氏です。

二〇〇四年、ホリエモンはロシアの技術を使って**「遅くとも二年以内には民間企業による有人宇宙飛行の実現を目指す」**と発表し、**必ず民間人を連れて行く**と言い切った。この記事を読んだ時、僕は「ホリエモンはもう終わりだな」と直感しました。こんなことが実現すれば、アメリカの描いているスケジュールはめちゃくちゃになってしまいます。あの国はそんなことを許す国ではありません。ましてや「属国」の日本人がやろうとしていることならば、アメリカの逆鱗に触れるのは容易に想像できることでした。

そして二〇〇六年一月、あわれホリエモンは**表向きは**証券取引法違反容疑で逮捕されてしまいました。もう今の彼には宇宙事業をやっていくような財力はないでしょう。人も資金も集まるわけ

『ライブドア』社長時代のホリエモンこと、堀江貴文氏。

がありません。これで「無事に」ホリエモンの計画は潰されたのです。あの発表は、株価を吊り上げるための話題づくりだったのかもしれませんが、ホリエモンは虎の尾を踏んでしまった。手を出してはいけないモノに手を出そうとしたために、一気に潰されたのです。では、誰がホリエモンを裏切ったのか。ここに一つの説があります。

思い出してください。ホリエモン騒動の真っ只中、昔、ホリエモンの側近だった人物で、二三億という大金を払ってロシアの宇宙船に乗る手はずとなっていた榎本大輔という人物がいました。当時その人が宇宙に行くというニュースが流れた時、**絶対にこの人は宇宙に行けない。行ったとしても宇宙空間での映像は公表されないと言われていました。**現にギリギリになってから中止になっていますよね。しかも最終の身体検査で臓器に異常が見つかった。これはおかしい。宇宙飛行士の訓練でもそうですが、出発に向けて身体を作っていくのが普通です。臓器の異常なんてもっと早い段階で分かるでしょう。

話をケネディ没後五〇年の宇宙事業に戻しましょう。

事故が起きても、危険性を指摘されても、スペースシャトルを意地になって飛ばしているのは、その時のためです。有人飛行に関するデータを集め、拠点となる基地を作らなければいけないからです。

では最初に僕が言った二〇三九年という数字は何なのか。**これはケネディ暗殺の真相が全て公開される年です。**ケネディの次の大統領であるジョンソンが、暗殺事件の証拠物件や資料は二〇三九年までその全てを公表することができないという命令を下しました。俗にいう『ウォーレン報告書』です。

ではなぜ二〇三九年までその全ての公表が許されないかというと、ケネディが暗殺された一九六三年に生まれた子供が、七六歳になるまで待つということなのです。つまり、**人々の記憶からなくなるまでは公表しない**ということです。

ここで気になるのは**「全て」**という言葉です。二〇三九年に「全て」を公表するのですが、**逆にいえば**それまでに何かしらの形で少しずつ公表されていきます。

それが冒頭でも触れた**暗殺五〇年後の二〇一三年**です。そして、最終的に二〇三九年になった段階ですべてを公表するということなのです。二〇三九年。この年についに様々な事実が解禁になり、アメリカと宇宙の関係があらわになるのです。

ここで「あれ？　ケネディと宇宙人にどういう関係があるの？」と思った人もいるでしょう。その疑問は当然です。ケネディ暗殺事件といえば、犯人としてよく言われるのは、リー・ハーベイ・オズワルド単独犯説、マフィア説、キューバ説、軍需産業関与説。一般にはこれらがポピュラーです。

しかし、ここでちょっと考えてほしい。二〇三九年に暗殺の真相をアメリカ政府が明らかにするというんです。

これは暗殺にアメリカ政府が関与しているという何よりの証拠ではないでしょうか。暗殺にマフィアが関与しているというなら、**マフィアも最終的に替え玉を立てて揉み消すはず。**キューバ説ならば、それこそ国家元首が殺されているのだから、国の威信に賭けて戦争をするはずです。

僕がつかんだ情報では、ケネディ暗殺事件が起こった本当の理由は、**ケネディが宇宙人の存在、そしてアメリカが実際に宇宙人とコンタクトしていることを暴露しようとしたからでした。**

確かに、ケネディ暗殺当時、今から四〇年前、人間がまだ月に行っていないとされている時代に、もしこのことを発表していたら、**全世界規模で相当のパニックに陥っていたに違いありません。**

今の僕らは宇宙人に対して変に身近に感じている部分がありま す。これを読んでいる人の中にも、宇宙人がいてもおかしくないと思っている人は多いはずです。

これはスピルバーグの映画をはじめとする**メディアがゆっくりと世界中の人々の〝宇宙人観〟を洗脳してきた明らかな結果なの**

です。

つまり、ケネディ暗殺の真相を公開するということは、同時に宇宙人と関わってきた歴史を公開するということになるんです。

そしてそのことを完全に認めれば、歴史が変わります。新しい時代が幕を開け、**過去の、宇宙人が関与しなければ成し遂げられなかった事実が、明らかにされていくんです。**

エッ？　どういう人たちがケネディ大統領を殺し、ホリエモンを追い込んだのかって？　それは僕の口からは言えません。真相は二〇三九年になれば分かる——そういうことです。

信じるか信じないかはあなた次第です。

シナリオ通りの世の中

安倍晋三首相が誕生した時、僕はすごくイヤな予感がしたんです。それは、**年を取った政治家が退き、若い世代の人に立場を譲る**のには、これから起こる災い事に関与したくないという理由があるからです。

ケネディ大統領の時の「キューバ危機」がそうだったように、若いリーダーが現れるときには、**必ず何かが起こる!!**　実際に安倍首相が誕生した直後、韓国、中国を歴訪中に、北朝鮮が核実験したことが明らかになりました。

この流れ、ちょっと思い出してください。アメリカの大統領がブッシュになってからすぐに起きた九・一一テロとどこか似ていませんか？　僕は**裏であるシナリオが進行している**んじゃないかと、そんな気がして仕方ないのです。

どういうことか。結論を言ってしまえば……

これから日本は北朝鮮と、その背後にある中国との戦争に巻き込まれていくでしょう。

これを聞いて「そんな大げさな」と思う読者も多いと思います。でも悲しいかな、そうなりかねないのです。では、なぜ戦争になっていくのか？

それは、後ろでその絵を描いている国があるからです。その国とは**ズバリ、アメリカです。**アメリカは大国・中国を牽制しておきたい。そのためには北朝鮮を押さえておく必要があります。

では北朝鮮と戦う時、基地はどこになると思いますか？　アメリカ本土からいちいち戦闘機を飛ばす？　そんなワケはないですよね。ハワイでも遠い。その時の拠点は、もちろん日本。

横田、横須賀、沖縄の基地から北朝鮮へ向けて爆撃機が飛び立ことになるのです。

しかし、日本ほど戦争に対する抵抗がある国は世界にありません。突然そんなことが始まれば、マスコミ、国民こぞって大反対運動が起きるでしょう。日本にはまだそういうムードがあります。でも、北朝鮮が核実験をしているとなれば反応も変わってきます。

それに、相手は日本人を拉致した国です。アメリカで横田めぐみさんのドキュメント映画が作られ、公開されているのをご存知ですか？　この映画も、ブッシュ大統領が横田さん夫妻に会ったのも、**全て日本の世論作りのためでしょう**。

実際、アメリカでは横田夫妻とブッシュ大統領が面会したことはほとんど報じられていません。あれは**日本に向けてのアピール**だったのです。

大統領と両親が面会したことすら報じられていない国で、めぐみさんの映画が作られ、公開されるのは、どうもおかしな話です。他の意図があるとしか考えられません。

北朝鮮の問題は、**メディアを使って国民をゆっくりとマインドコントロールするのにうまく使われているの**かもしれません。

確かに北朝鮮がやっている事はメチャクチャです。しかし、日本を拠点として戦うために、アメリカが関与していると考えられるのです。

そもそも、北朝鮮が核開発・実験をすることができたのは、韓国から流れていた資金のおかげだという話があります。

盧武鉉《ノムヒョン》大統領の対北朝鮮の融和政策（太陽政策）がそれを加速しました。しかもその資金の流れを、**アメリカも分かって黙認していた。**

わざと流させていたというんです。なぜなのか？　それは北朝鮮に核を開発させ、**攻撃する口実を作るため**です。

加えて、日本の世論をアメリカに都合のいいように変えるためです。そのために何年も前から着々と〝**仕込み**〟をしていたワケです。

アメリカがここまでやっているのは、**どんどん力をつけている中国を封じるためです。**北朝鮮と日本にアメリカの拠点があれば、中国もヘタなことはできない。早くから中国を仮想敵としていたアメリカは、じわじわと包囲網を作っているのです。だから北朝鮮が核実験を行ったことは、**アメリカには好都合**でした。

いや、**むしろ望んでいたのかもしれません。**

既に中国もアメリカとの戦争を視野に入れ、有人宇宙飛行に成功しています。これはアメリカから飛ばされたミサイルをいち早く感知するために宇宙に拠点を作るためともいわれています。

さらに気になる話をひとつ。中国は二〇〇八年に開催される北京オリンピックに合わせ、**有人で月面着陸をする**というんです。アメリカはただ指をくわえて見ているだけでしょうか……はたしてみすみす**月に行かせるでしょうか?**

残念ですが、**今の日本はアメリカの国益のための踏み台でしかないのです**。若い安倍首相には、日本の未来のためにも、是非この国を本当の〝美しい国〟に変えてほしいものです。

そのためにもこれを読んでいる若者よ、日本の未来に目を向けてください!!

信じるか信じないかはあなた次第です。

関暁夫の都市伝説コラム❹

不思議なペーパークラフト

その2　不可能(?)な図形
こちらは作り方ではありません。この写真の図形ですが、どうやって作っていると思いますか？　もちろん1枚の紙にハサミを入れただけで、切り貼りしたりはしていません。アインシュタインはこれを30秒で解いたそうですが、さて、あなたは何秒で、何分で、いや何時間で解けますか？

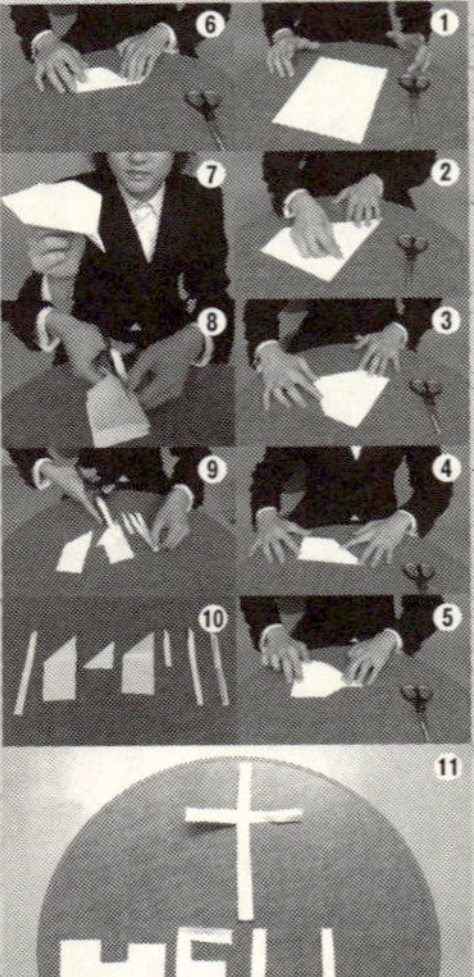

その1　「HELL」になる飛行機
9・11テロを予言していたものの中で、変わり種としてはこんなものまであります。図1～7のように紙飛行機で「9・11の飛行機」を折って再現します。さらに図8～10のようにハサミを入れていくと……なんと「HELL」の文字(図11)になるんです。

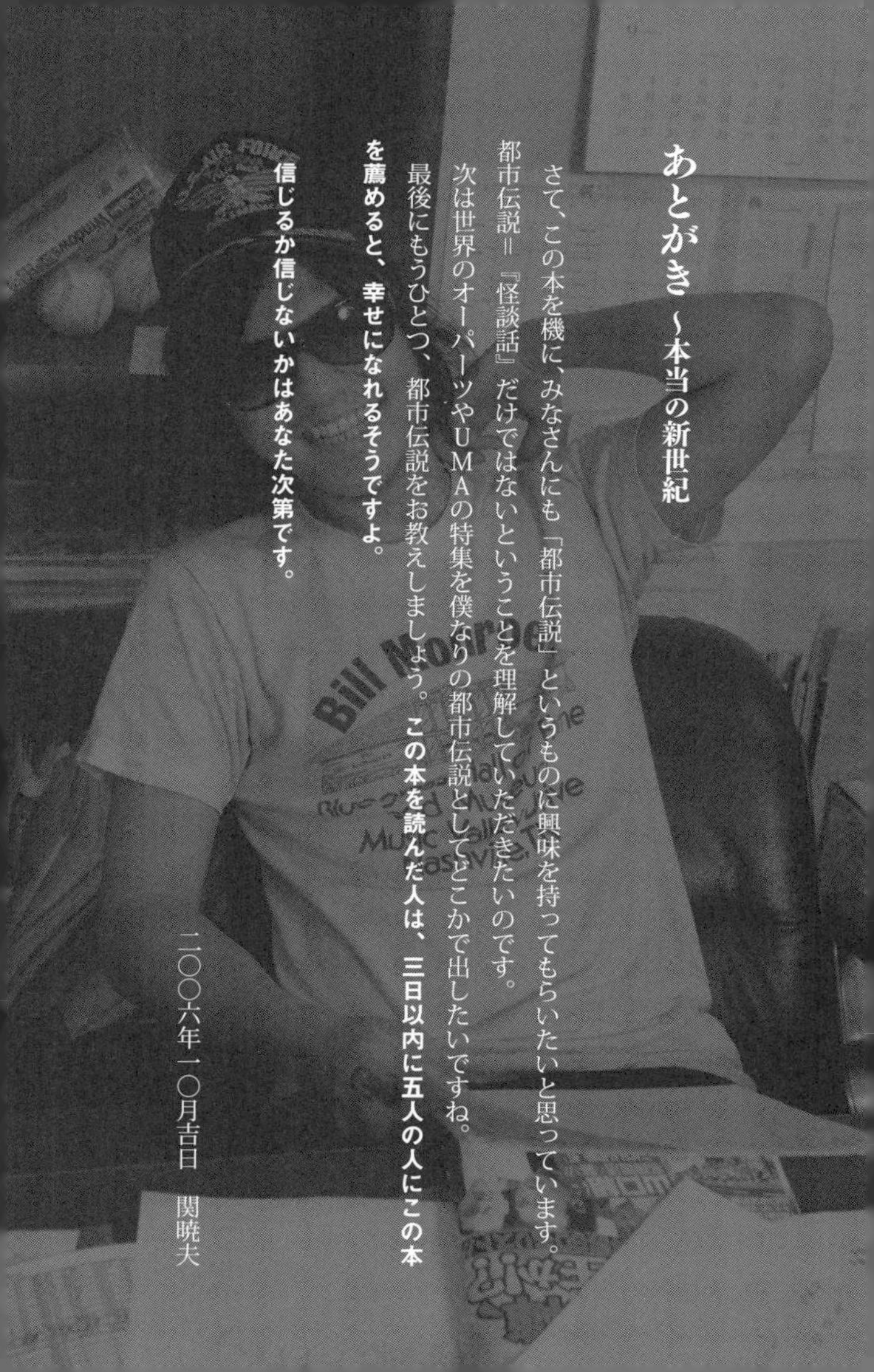

あとがき　～本当の新世紀

さて、この本を機に、みなさんにも「都市伝説」というものに興味を持ってもらいたいと思っています。

都市伝説＝『怪談話』だけではないということを理解していただきたいのです。

次は世界のオーパーツやＵＭＡの特集を僕なりの都市伝説としてどこかで出したいですね。

最後にもうひとつ、都市伝説をお教えしましょう。**この本を読んだ人は、三日以内に五人の人にこの本を薦めると、幸せになれるそうですよ。**

信じるか信じないかはあなた次第です。

二〇〇六年一〇月吉日　関暁夫

構成協力	華川大吉
写真撮影	河村正和
写真協力	並木伸一郎事務所
	アフロフォトエージェンシー
	毎日新聞社データベースセンター
	インタニヤ
イラスト	ほりのぶゆき
地図作成	ジェイ・マップ
本文アートディレクション	米谷テツヤ(PASS)
本文デザイン	藤野立来(PASS)

参考文献

『日本が狙われている』　三橋一夫　日本文芸社
『世界はここまで騙された』　コンノケンイチ　徳間書店

この作品は二〇〇六年十二月竹書房より刊行されたものです。

幻冬舎文庫

●好評既刊
知的幸福の技術
自由な人生のための40の物語
橘 玲

ささやかな幸福を実現することは、それほど難しくはない。必要なのはほんの少しの努力と工夫、自らの人生を自らの手で設計する基礎的な知識と技術だ。お金持ちになる技術を大公開!!

●好評既刊
だらしな日記
食事と体脂肪と読書の因果関係を考察する
藤田香織

好きなこと＝食う、呑む、寝る、読む！ の三十代書評家女子。その、食べっぷりとだらしなぶりと、締切ぎりぎりの仕事ぶりをセキララに綴り、反響と共感(?)を呼んだ日記エッセイ、待望の文庫化。

●好評既刊
晴れた日は巨大仏を見に
宮田珠己

風景の中に、突然、ウルトラマンより大きな仏像が現れたら……。日本各地に点在している巨大仏の唐突かつマヌケな景色を味わうために、日本中の巨大仏を巡る。日本風景論&怪笑紀行エッセイ。

●好評既刊
クヒオ大佐
吉田和正

荒唐無稽な口上とパイロットの扮装で次々と女性たちを騙し、推定総額一億円を貢がせた稀代の結婚詐欺師・クヒオ大佐。女たちはなぜ騙されたのか？ そして、その驚愕の手口とは？ 映画原作。

●好評既刊
母なる証明
竹内清人
原案 ポン・ジュノ

ヘジャは女手一つで純真無垢な一人息子・トジュンを育ててきたが、ある日、トジュンが殺人事件の容疑者として連行されてしまう。母は真犯人を求め闘いを始める。ヒューマン・ミステリの傑作。

ハローバイバイ・関暁夫《せきあきお》の都市伝説《としでんせつ》

信《しん》じるか信《しん》じないかはあなた次第《しだい》

関暁夫《せきあきお》

平成22年1月25日　初版発行
平成27年1月10日　6版発行

発行人——石原正康
編集人——菊地朱雅子
発行所——株式会社幻冬舎
〒151-0051東京都渋谷区千駄ヶ谷4-9-7
電話　03(5411)6222(営業)
03(5411)6211(編集)
振替00120-8-767643

印刷・製本—中央精版印刷株式会社

装丁者——高橋雅之
米谷テツヤ

幻冬舎よしもと文庫

ISBN978-4-344-41421-1　C0195　Y-9-1

幻冬舎ホームページアドレス　http://www.gentosha.co.jp/
この本に関するご意見・ご感想をメールでお寄せいただく場合は、
comment@gentosha.co.jpまで。